Franz von Pocci · Der Staatshämorrhoidarius

MICHAEL STEPHAN, Dr. phil., geboren 1954, Studium der Germanistik und Geschichte in München; Archivdirektor bei der Generaldirektion der Staatlichen Archive Bayerns; Lehrtätigkeit an der Technischen Universität München; Mitarbeit an vielen zeitgeschichtlichen Ausstellungen; zahlreiche archivfachliche und wissenschaftliche Publikationen (u. a. zur bayerischen Behörden-, Parteien- und Literaturgeschichte); Herausgeber der Werke des bayerischen Journalisten, Schriftstellers und Volkskundlers Georg Queri im Allitera Verlag.

Franz von Pocci
Schriftsteller · Zeichner · Komponist

Werkausgabe in Verbindung mit
der Bayerischen Staatsbibliothek München,
dem Literaturarchiv Monacensia der Stadt München
und der Internationalen Jugendbibliothek München

Gesamtherausgeber: Franz-Graf-von-Pocci-Gesellschaft e. V.

Herausgegeben von
Ulrich Dittmann, Waldemar Fromm und Wilfried Hiller

Abteilung III
Beiträge zu den »Fliegenden Blättern«
und den »Münchener Bilderbogen«
Band 1

edition monacensia

Franz von Pocci

Der Staatshämorrhoidarius

Faksimile-Nachdruck der Ausgabe von 1857

Herausgegeben von Michael Stephan

Die Edition dieses Bandes wurde ermöglicht durch die freundliche Förderung
von Mont-illa-mar GbR, Münsing, der EPM GmbH, München
und der Franz-Graf-von-Pocci-Gesellschaft e. V.

Die Pocci-Werkausgabe wird außerdem gefördert vom Kulturreferat der Landeshauptstadt München
und der Arbeitsgemeinschaft Literarischer Gesellschaften und Gedenkstätten
aus Mitteln des Beauftragten der Bundesregierung für Angelegenheiten der Kultur und der Medien.

edition monacensia
Herausgeber: Monacensia
Literaturarchiv der Stadt München
Dr. Elisabeth Tworek

Weitere Informationen über den Verlag und sein Programm unter:
www.allitera.de

Bibliographische Information der Deutschen Bibliothek

Die Deutsche Bibliothek verzeichnet diese Publikation
in der Deutschen Nationalbibliographie;
detaillierte bibliographische Daten sind im Internet
über <http://dnb.ddb.de> abrufbar.

2. Auflage
August 2009
Allitera Verlag
Ein Verlag der Buch&media GmbH, München
© 2007 Buch&media GmbH, München
Umschlaggestaltung: Kay Fretwurst, Freienbrink
Herstellung: Kessler Verlagsdruckerei, Bobingen
Printed in Germany · ISBN 978-3-86520-402-8

Inhalt

Faksimile-Nachdruck der Ausgabe von 1857   1

Anhang

Michael Stephan: Franz von Poccis »Staatshämorrhoidarius«
und die Münchner »Fliegenden Blätter« 41

Worterklärungen und Erläuterungen 81

Bibliographie 85

Editorische Notiz 87

Der Staatshämorrhoidarius

Von

F. P.

München.

Verlag von Braun & Schneider.

Einleitung.

Der geistreiche, scharfsinnige Beobachter socialer Zustände — Professor Riehl — spricht in seinen schönen Büchern von einer „geschlossenen Phalanx der Bureaucratie". Daß derselbe ob solch erschrecklicher Aeußerung noch frei umhergeht — gehört zu den Wundern der neuen Welt. Wir treten daher kühn — ja gewissermaßen unter polizeilichem Schutze — in diese Phalanx, um eine Persönlichkeit herauszuholen und dem werthen Publikum in der Gestalt des „Staatshämorrhoidarius" vorzustellen. Er ist der Gemüthlichste aus der großen Corporation, welche das ganze deutsche heilige Reich, als eine unermüdliche Spinne, mit ihrem dichten Netze, ihre Fäden immer dicker und dichter webend, übersponnen hat und unter dem ehrenden Namen „Staatsdiener" oder „Beamter" den festhaltenden Knoten in sich concentrirt, dessen gewaltsame Lösung einer Revolution nicht unähnlich werden dürfte. Unser Freund aber repräsentirt nicht das starre, gewissermaßen „papierne" Element, wir können ihm unerachtet seiner stets marternden Pedanterie nicht nur nicht gram sein, sondern müssen ihm vielmehr unsere Zuneigung schenken, da wir ihm auf allen Staats- und Vicinalstraßen als einem höchst erheiternden Elemente begegnen. Inwieferne sich der Staatsdiener zum Staatshämorrhoidarius qualificirt, dieß theoretisch zu entwickeln, wäre allerdings mehr Sache der Arzneikunde, da der Dienst zum Begriffe des Staatslebens, die Hämorrhoiden aber dem speciellen Fache der Medizin als Wissenschaft angehören. Der Verlauf der folgenden Darstellungen gibt jedoch möglichst den Versuch eines praktischen Bildes. Sollte aber gar geglaubt werden, unser Staatshämorrhoidarius sei eine aus dem Leben gegriffene specielle Persönlichkeit — ein Portrait — so müssen wir uns feierlichst dagegen verwahren; wir hielten uns lediglich an das „Ideal". Für Subsumtionen oder Abstractionen pro concreto können wir nicht verantwortlich sein. —

Der Staatshämorrhoidarius mag allerdings zweifelsohne als Sohn des k. Landgerichtsregistraturfunktionärsgehülfenssubstituten Maier (wie viele „Maier" gibt's aber nicht auf der Welt!) schon seinem erzeugenden Elemente mehr als der Muttermilch die Keime späterer organischer Entwickelung zu danken haben. Wer je einen Erstling als den seinen begrüßt hat, kann sich die Wonne vorzustellen im Stande sein, mit welcher der k. Landgerichtsregistraturfunktionärsgehülfenssubstitut Maier erfüllt war, als die Hebamme ihm den eben ans Licht der Welt getretenen Erstgebornen auf den Armen entgegentrug. Er war ein lebenskräftiges gesundes Kind, ge-

sund an Leib und Seele, in den Knabenjahren, in der deutschen wie lateinischen Schule die Freude seiner Lehrer und stets ein wackerer Preisträger. Können wir auch von den Abwegen

nicht Umgang nehmen, auf welche der Jüngling im ersten Jahre seines Universitätslebens gerieth, so müssen wir uns wieder erfreuen an dem Einlenken in die rechte Bahn, da der junge Mensch während seiner landgerichtlichen Praxis den respectiven Untersuchungsrichtern stets der liebste Protocollführer war. Ja es vergeht nur eine kurze Zeit und wir

haben Gelegenheit die ausgezeichnete Qualification des Examinanden zu bewundern, welche er bei der Staatsdienerprüfung, die nur vier Wochen dauert, an den Tag legt; ja es

währt nicht lange, so erfährt derselbe aus dem erhabenen Munde Sr. Excellenz des Herrn Staatsministers das Glück verständlich, das unsere Brust anschwellt, wenn wir das erstemal im officiellen Gewande mit obligatem Schiff auf dem

erster Anstellung als „Staatsdiener"! Wer diese Seligkeit einmal selbst empfunden — dem allein ist jenes erhebende Gefühl, jener edle Stolz, jenes mächtige Selbstbewußtsein sinnenden Haupte über die Straße gehen, um allen Vorgesetzten die schuldige Aufwartung zu machen oder wenn wir im

einfach bürgerlichen Kleide nach gewissenhafter Erledigung des Einlaufes unser Nachmittagsspaziergängchen machen.

verdrossen im Morgenroth badend" in die Sitzung, die Rennbahn für seine Dialektik! Allein die Natur fordert ihr Opfer. Endlich erliegt er einer nimmerrastenden Thätigkeit und dem völkerbeglückenden Drange. Unterleibsbeschwerden, die sich zu bedenklichen Anschoppungen im kleinen Gedärm entwickeln und selbst das Sonnengeflecht alteriren, benöthigen, daß ein Arzt zu Rathe gezogen werde, welcher ohneweiters die Symptome

Der Actentisch — jener leblose Träger der die Menschheit beglückenden Fascikeln — des Tintenfaßes, aus dessen Tiefen die Staatsweisheit geschöpft wird — der Tabacksdose, die das geisteserfrischende, zweifelbefreiende, gehirnthätigkeitsstärkende und weckende Material enthält — der Actentisch ist das eigentliche Paradies, der Himmel des Staatshämorrhoidarius. Fascikel um Fascikel wird erledigt — allein der unermüdliche Amtsbote schleppt herbei, unablässig das Faß der Danaiden zu füllen, aus welchem der Staatshämorrhoidarius mit gierigen Zügen schlürft, als enthalte es den kostbarsten Lebensnectar. Mit raschen Schritten eilt er, seine Amtsbrust „un=

eines Gastricismus erkennt, dessen Steigerung zum Gallenfieber den Staatsdiener auf mehrere Wochen seinem Berufe entzieht und auf's Krankenlager wirft. Ist die Heilung von

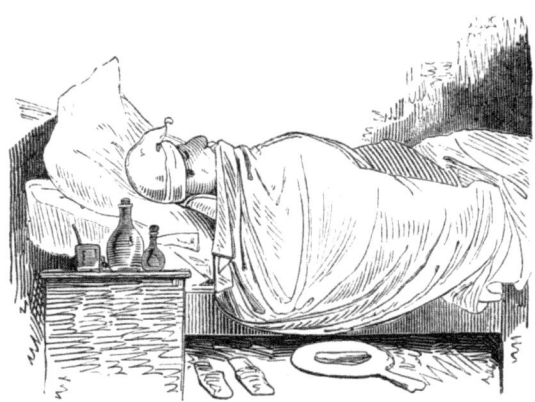

dem Uebel glücklich erfolgt, so ist auch die vollendende, stärkende Nachkur in einem auflösenden Bade nothwendig bedingt.

Die Abreise erfolgt; allein selbst in dem stillen Ocean der Mineralfluthen erwacht schon wieder die Begierde nach Erfüllung der Berufspflicht, indem die Gesetzblätter mit ihren

ergänzenden legislativen Paragraphen als Lectüre dienen. Nach beendigter Kur findet der Heimkehrende Mauerwälle von Re=

tardatsacten, durch welche er sich händeringend arbeitet. Dop=

pelte Last — verdoppelte Verpflichtungen — der Unterleib fängt wieder zu schwellen an, der Arzt wird abermals consultirt,

verordnet Bewegung und zwar in regelmäßigem Gange. Die Anwesenheit der Lejars'schen Reitertruppe wird zur Benützung vorgeschlagen. Der Kurs des Reitunterrichtes beginnt

und die Trefflichkeit der Baucher'schen Reitmethode bewährt sich durch die Fortschritte des Schülers. Eine Episode, welche davon Zeugniß gibt, daß das menschliche Herz, wenn auch actenbestaubt und einfasciculirt, sich nie ganz verleugnen kann, muß uns rühren.

Fräulein Pauline Cuzent, weiland berühmte, alle Männer durch ihre Kunst bezaubernde Springerin, wußte auch den Staatshämorrhoidarius zu erobern. Hingerissen und von cori=

donischer „dementia captus" — es scheint unglaublich — werden seinerseits Anträge gestellt, deren Zurückweisungen in

eben so hohem Grade rückwirkend sind, wie die erreichten Erfolge in der Reitkunst. Allein Mißgeschick ist für eine männliche Seele nur Veranlassung zu verdoppelten Anstrengungen. Der

Staatshämorrhoidarius wird ein kühner Reiter, setzt sogar über Actenstöße mit Leichtigkeit weg und pflegt, unerschüttert einen Staatsdiener, als seiner Stellung unwürdig, sehr ungeeignet befunden werden mußten. Rügen, welche sich bis zu Disciplinarverweisen steigerten, wirkten peinigend und niederschlagend.

von körperlichen Alterationen, um so rüstiger seines amtlichen Berufes.

Offenbar aber konnten gewisse Folgen nicht ausbleiben, da der nächstvorgesetzten höchsten Stelle die Equitationsgelüste für

grames, wirft den tiefbekümmerten nieder, wobei die Hydro=
pathie allein als rettender Engel helfen kann und zwar mit

Ein hitziges Fieber — die Folge unterdrückten Beamten=

so eminentem Erfolge, daß der Staatshämorrhoidarius schon nach wenigen Wochen in Folge des Kaltwassergebrauches im

Stande ist, die schwersten Actenfascikel mit Leichtigkeit zu

tragen, wobei jedoch vor dem Schlafengehen des Wassers

handhaben und Abends im gemüthlichen Stübchen in Gesellschaft seiner Collegen ein doppeltes Quantum Bier zu ver-

wieder nicht vergessen wird. Kaum vollständig genesen und erkräftigt wird der Staatshämorrhoidarius in einem Criminalfalle als Untersuchungsrichter bestimmt und zwar nach älterem Prozeßverfahren, weil das neue Gesetz noch nicht publizirt ist. In der Nacht vom 25. auf 26. Juni wurde laut Anzeige des Gensdarms in der Vorstadt eingebrochen und es kamen

bei dieser Gelegenheit abhanden: Ein wollener Weiberkittel, ein Stiefelzieher, eine Putzscheere, ein gebrochenes Trinkglas,

ein leeres Zündhölzlschächtelchen und ein lederner Geldbeutel mit 1 fl. 15 kr. 2 dl. Allsogleich begibt sich der Staats=hämorrhoidarius in Begleitung des Actuars und Gerichtsdieners

an Ort und Stelle, um zur Herstellung des objectiven That=bestandes richterlichen Augenschein einzunehmen. Die nichtvor=handenen, resp. entwendeten Gegenstände, werden zu Protokoll genommen und durch Sachverständige abgeschätzt. Tags darauf wird ein höchst verdächtiges und bereits mehrmals in Unter=suchung gewesenes Individuum durch den Gerichtsdiener Stumpl=

hofer eingebracht, worauf das erste summarische Verhör vor=genommen wird, wie folgt:

Staatsh. Nehmen Sie gefälligst auf diesem Stuhle Platz, insoferne es Ihnen beliebt. — Ist Ihnen die Ursache Ihrer Verhaftung nicht bekannt, mein Lieber?

Verhafteter. Nein, ich weiß gar nir.

Staatsh. Man hat aber guten Grund zu vermuthen, daß Ew. Wohlgeboren wissen können, weßhalb Sie verhaftet sind.

Verhafteter. Ich weiß halt doch nir.

Staatsh. Sie sollten doch die außerordentliche Gefälligkeit haben, anzugeben, ob Ihnen die Ursache wirklich nicht bekannt ist, weßhalb Sie vor dem Untersuchungsrichter stehen — oder vielmehr sitzen.

Verhafteter. Ich weiß nir und ich bin unschuldig.

Inquisit beschwert sich noch über Suggestionen und verfängliche Fragen und verweist den Staatshämorrhoidarius auf Artikel 182 und 183 des Strafgesetzbuches II. Theil. —

Auf dieses Verhör hin werden fünfzig Personen als Zeugen vor Gericht geladen, die eigentlich von dem ganzen

Vorfall nichts wissen, jedoch auf das Genaueste über alle Umstände befragt werden. Mittlerweile entkömmt Inquisit

aus der Untersuchungshaft. Unter solchen Umständen schließt der Staatshämorrhoidarius die Acten und sendet sie zum

Spruch ein. Die Untersuchung wird wegen Mangel an Beweis definitiv aufgehoben; Inquirent erhält einen Verweis quoad formalia. — Durch die Anstrengungen bei dieser Untersuchung, welche 18 Monate gedauert, zieht sich der Staatshämorrhoidarius abermals ein gastrisches Fieber zu, nach dessen

Ablauf eine Reise in's Gebirg zur Erholung unternommen wird, wozu aber, als Beschäftigung an Regentagen, einige Retardats= acten mitgenommen werden. Auf Anrathen des Arztes sollen möglichst Parthien zu Fuß gemacht werden. Erster Tag bei

sechsundzwanzig Grad Wärme im Schatten und schließlichem Gewitter, wobei der Staatshämorrhoidarius bis auf die Haut durch=

näßt wird. — Man flüchtet in ein Bauernhaus. Da auch das Gepäck durch den Regen gänzlich unbrauchbar gemacht wurde, sieht sich der Staatshämorrhoidarius genöthigt, die Kleider der Bäuerin anzuzieh'n, bis die seinigen getrocknet sind.

Die ländliche Tracht gefällt dem Staatshämorrhoidarius ganz besonders. Da er aber nicht wohl in Weiberkleidung sich dem Publikum zeigen kann, werden im nächsten größeren Orte Hut

und Joppe gekauft, und es wird sogleich in dieser bequemeren Tracht die Besteigung eines Berges unternommen. Nach drei Stunden Emporklimmen frägt der Staatshämorrhoidarius seinen Führer, wie weit noch zur Bergspitze sei, worauf ihm dieser antwortet: „bis zum rothen Kreuz auf'm Wandl haben wir

noch zwei Stunden zu steigen; von dort sind dann noch kleine vier Stunden auf die erste Alm." Nachdem der höchste Gipfel erreicht ist, bewaffnet sich der Staatshämorrhoidarius mit seinem Steinheil'schen Sehrohr und glaubt in einem weißen Punkte am Horizonte die Haupt= und Residenzstadt freudigst

zu erkennen. — In der Alphütte macht auf den Staatshä= morrhoidarius eine Sennerin besonderen Eindruck. Seine in

der Gebirgsluft erstarkte Natur fühlt Regungen, die am Actentische längst eingeschlummert waren. Er wagt sogar ein Tänzchen mitzumachen, welches Holzknechte mit den Sennerinnen

veranstalten, wird jedoch schließlich auf ziemlich unsanfte Ma= nier daran erinnert, daß es nicht seines Berufes sei, den

Don Juan im Gebirg zu spielen; worauf der Staatshämorrhoidarius, da ohnedieß sein Urlaub abgelaufen, wieder in die Stadt

zurückkehrt. Der Arzt besteht aber darauf, daß dem Unterleibe ein alljähriger Landaufenthalt ersprießlich, ja nothwendig sei.

Der Staatshämorrhoidarius entschließt sich daher mit einem kleinen Erbschaftscapitale ein Oeconomiegütchen anzukaufen. Ein Unterhändler legt ihm mehrere Gutsüberschläge von Kaufsobjecten vor, von welchen ein Bauerngut in der

Nähe der Hauptstadt ausgewählt und baldigst in Besitz genommen wird. Das Dienstpersonale erwartet am Extradi‑

tionstage in Gallakleidung den neuen Herrn, welcher sogleich den Viehstand in Augenschein nimmt und wegen Futtermangel

stoff scheint aber dem Vieh nicht gut zu bekommen, da Milz‑ brand und Klauenseuche totale Verheerung anrichten. Der Staatshämorrhoidarius tritt mit dem großen Chemiker Justus von Liebig in's Benehmen und sucht dem Betriebe durch eine neue Düngerbereitungsmethode nachzuhelfen. Er legt Compost‑ haufen an in nachstehender Weise:

die Fütterungsmethode durch alte Protocolle und reponirte Actenstücke in Anwendung bringen heißt. Dieser Nahrungs‑

1. Lage: Gyps,
2. " Torf‑ oder Holzasche,
3. " Retardatsacten,
4. " Excremente aller Art,
5. " Unbenützte Referatsacten,
6. " Düngersalz,
7. " Gebrauchte Zündhölzchen u. s. w.

In Folge dieser ausgezeichneten Erfindung wird der Staatshämorrhoidarius Ehrenmitglied mehrerer landwirthschaftlicher Gesellschaften und Vereine und unter Verleihung der Düngerbereitungsverdienstfahne mit drei Conventionsthalern bei dem landwirthschaftlichen Feste feierlichst gekrönt und bei dem großen Octoberfeste zu München in Prozession herumgeführt. Mittlerweile ist auch der neue Composthaufen zu einer solchen Thurmhöhe angewachsen, daß er vom Staatshämorrhoidarius an schönen Sommerabenden als Belvedere benützt wird, um den Sonnenuntergang zu betrachten. Die Berufsgeschäfte leiden keineswegs dabei, doch die Seelenruhe des Staatshämorrhoidarius wird in hohem Grade alterirt, als eines Tages ein Collega in's Bureau tritt und ihm das neueste Gesetzblatt mittheilt, in welchem das Institut der Schwur=

gerichte in's Leben gerufen wird. Nachdenklich geht der Staatshämorrhoidarius vom Bureau nach Hause, wo ihn das

Aufgreifen der Idee von der Würde eines Staatsanwaltes tief bewegt und veranlaßt, denselben Abend noch parlamentarische

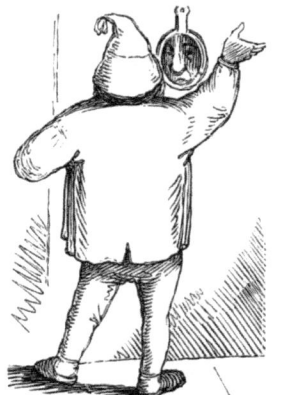 

Studien vor dem Spiegel zu machen,  bis endlich nach gelöschtem Lichte

der Schlummer ihm das Bild einer Jury im Traume vorführt. —

Der Staatshämorrhoidarius auf dem Bureau.

9 Uhr. Der Staatshämorrhoidarius geht auf's Bureau.

10 Uhr. Herr Federmaier bringt den Einlauf.

9½ Uhr. Er liest die Zeitung. „Aha! der ganze Noten=
wechsel zwischen der Schweiz und Oesterreich, da wart' ich
schon lang drauf."

10½ Uhr. „Daß man aber gar keine Federn vom linken
Flügel mehr kriegt."

11 Uhr. „Jetzt haben's schon zwei mit polizeiwidrigen Hüten gefangt. Ich bin begierig, wie viel sie den Vormittag noch zusammenbringen."

11½ Uhr. „Hm, hm, hm, erst 11½ Uhr!"

11¾ Uhr. „Herr Federmaier, ich habe einen wichtigen Geschäftsgang zu machen und komme diesen Vormittag nicht mehr auf's Bureau."

12 Uhr. „Gibts jetzt wirklich so viel zu thun?" Staatshämorrhoidarius. „Na und ob!"

1 Uhr. „Jetzt geh' ich zu Tisch. Alles hat seine Zeit."

Die rastlose Thätigkeit, die aufopfernde Berufstreue kann dem umsichtigen Blicke der höchsten Behörden nicht entgehen. Der Staatshämorrhoidarius wird eines Morgens vom Bureau weg zum Minister berufen; mit dem Staatshämorrhoidal=

verdienstorden geschmückt tritt er aus dem Ministerialgebäude. Sämmtliche Collegen ehren den Neudecorirten durch ein großes Festessen (der trockene Tisch zu 54 kr.), und schmücken beim Dessert das Haupt des Gefeierten mit einer papiernen Lorbeer=

krone. Die Thränen der Rührung fließen allgemein — wir befinden uns an einem wichtigen Abschnitte des inhaltsreichen Berufslebens unseres Freundes.

Der Staatshämorrhoidarius steigt von Stufe zu Stufe, es folgt Decret auf Decret;

Nächtliche Visionen steigern die Bilder der Phantasie auf's Höchste.

Der beim Erwachen Enttäuschte sinkt erschöpft auf's Kissen zurück.

Steigen wir in eine niedere Sphäre abwärts. Da begegnet uns wieder eine typische Persönlichkeit. Herr Functionär Federmaier (auch einer von den unzähligen Maier'n!). Emsig durchschreitet er die Straßen im abgeschabten Rocke, ein Dachshündchen als treuen Begleiter. Sein Geist hat sich zur

Privat-Geschäfte, verrichtet auch außerhalb des Bureau's kleine Dienste für ihn, füllt z. B. die Dose, wenn sie ausgeschnupft ist und referirt Tagesneuigkeiten, während er die Munda zur Unterschrift vorlegt. So eines Tages bringt er die ominöse Nachricht, daß einzelne Cholerafälle in der Stadt vorgekommen

Fähigkeit des gewissenhaftesten Abschreibers erhoben; mit seiner ersten Verwendung ist auch die letzte und höchste Errungenschaft auf seiner irdischen Laufbahn erreicht. Was will ein Mensch mehr? Dennoch ist er gewissermaßen ein Vertrauensmann unseres Staatshämorrhoidarius. Er besorgt ihm

seien, was den Staatshämorrhoidarius nicht wenig beunruhigt. „Wenn ich auch keine Familie habe, welcher mich zu erhalten mir Pflicht wäre, so bin ich doch verbunden, ein Glied in

der Staatsdienerkette zu conserviren." Mit diesen Gedanken beschäftigt, sehen wir den Staatshämorrhoidarius' ein Urlaubsgesuch an die höchste Stelle einreichen. Nach erfolgter Genehmigung wird auch schleunigst abgereist und der Aufenthalt in einem durch seine gesunde Lage bekannten Gebirgsdorfe gewählt, wo man sich des behaglichsten Zustandes erfreuen mag. Die Ankunft eines Gastes schon am zweiten Abende beunruhigt einigermaßen, da derselbe von verdächtigen Krankheitsfällen aus der nächsten Umgebung meldet. Der Staats-

hämorrhoidarius trägt Bedenken seinen Aufenthalt hier fortzusetzen und beabsichtigt auf den Höhen der Alpenregion allen contagiösen Einflüssen sicher zu entgehen, wo er auch wirklich in einer Sennhütte sich eines sorgenfreien Nachtlagers erfreut, des andern Morgens aber nicht wenig überrascht wird, da er den Functionär Federmaier den Berg heraufsteigen sieht, welchen ähnliche Besorgnisse die Stadt zu verlassen und hier seine Zuflucht zu suchen, veranlaßt hatten. Demnach vereinigt ein Lager desselben Abends beide Flüchtlinge im gemeinsamen beruhigenden

Bewußtseyn, aus der Tragweite aller Gefahr zu sein. Sieh da! Herr Federmaier wird schon in dieser ersten Nacht von einem Unwohlsein befallen, welches den Staatshämorrhoidarius einem Gensdarm als verdächtig arretirt wird. Die Sache klärt sich bald auf, allein der Aufenthalt im stillen Gebirgsthale

veranlaßt, den gemeinschaftlichen Zufluchtsort schleunigst zu verlassen und sich thalabwärts zu begeben, wo er jedoch von wird gestört, da der Arzt des Ortes von sporadischen Fällen

spricht, worauf der Staatshämorrhoidarius seinen Mantelsack

packt und sich seinen heimathlichen Acten um so freudiger in die Arme wirft, als in der Hauptstadt jede Spur des ge-

fürchteten Uebels verschwunden ist. Auch Herr Federmaier hat sich bald wieder eingefunden. War aber auch die Seuche gewichen — so finden wir dennoch den Staatshämorrhoidarius immer mehr und mehr von einer gewissen Schwermuth ergriffen, welche durch das Umsichgreifen neuer Systeme veranlaßt wird, deren Grundlagen den mit dem Staatshämorrhoidarius aufgewachsenen Prinzipien nicht mehr vereinbar sind. In der Türkei glaubt er noch zu finden, was er hier vergeblich sucht. Auswanderungsgelüste in Compagnie mit Federmaier werden zur fixen Idee — ein einjähriger Urlaub wird

nachgesucht und gewährt und wirklich der Staatsdienerhut mit

dem Turban vertauscht. Er tritt seine Reise an und Feder-

maier folgt mit den Retardatsacten, die noch gewissenhaft zu

erledigen sind. Unerachtet einiger Beanstandungen an der

türkischen Grenze wird den Reisenden Einlaß gewährt, ja sie

werden sogar vom Großsultan huldreichst empfangen.

Audienz beim Großherrn.

(Ein Dollmetsch erläutert die Unterredung, da der Sultan nicht Deutsch und der Staatshämorrhoidarius nicht Türkisch spricht.)

Sultan. „Wuli, Wuli." (Wer bist Du?) „Sagizopfojurimuftiman." (Man hat mir gesagt, Du seist ein des Rechtes Kundiger.)

Staatsh. „Ich bin Staatshämorrhoidarius!" (Zopfojurimuftiman!)

Sultan. „Gudimi. Wilimuftimachapumpum." (Das freut mich, ich werde Dich im Staatsdienste anstellen.)

Staatsh. „Ich hoffe, durch meine Qualifikation dem Großherrn zu entsprechen." (Hopozopfomurimaripum.)

Sultan. „Seigligeugliwixwix." (Ich mache gern kurzen Prozeß.)

Staatsh. „Respective, Euer Großheit sind Freund des summarischen Prozeßverfahrens." (respectivim Grossiopruglisumaricandan.)

Sultan. „Sistematicowixwix." (Ich hoffe, daß Du nach diesem meinem Systeme verfahren wirst.) „Nomino Kadi askersmu." (Ich ernenne Dich zum Richter; denn Du gefällst mir.)

Staatsh. „Ich bin durch die allerhöchste Gnade tief gerührt." (Rührimilimulimali.)

Sultan. „Schribi vekajakiatibi." (Deinen Begleiter ernenne ich zum Schreiber.) „Marschicani!" (Jetzt Marsch, fort!)

Staatsh. (Tritt unter Verbeugungen ab.)

Der Staatshämorrhoidarius tritt in seinen neuen Wirkungskreis und beginnt seine türkische Laufbahn mit dem amtlichen Verfahren wie hier folgt:

33

Ein verdächtiges Individuum — vermuthlich ein Zeitungsschreiber — wird von den Dscheremets arretirt.

Der Kadi-Staatshämorrhoidarius leitet das summarische Prozeß-Verfahren ein.

Vorläufig polizeiliches Verhör.

Fortsetzung des summarischen Prozeßverfahrens.

Nun beginnt die eigentliche Special-Untersuchung.

Schluß des Protokolls, wobei dem Inquisiten eröffnet wird, daß ihm die Appellation an den Kadaster freistehe.

Vielgeliebter Leser und Beschauer! Lasse Dich nicht täuschen — diese türkische Episode ist nur eine Phantasmagorie — ein Nebelbild in dem Gehirne des Staatshämorrhoidarius. — O! er ist nicht ausgewandert — und wenn er es wäre — er würde unter den ehrenvollsten und vortheilhaftesten Bedingungen bald wieder in seine ursprüngliche Heimath zurückberufen. Die unzählbare Menge seiner Collegen — des nimmer endenden Geschlechtes — der „Riehl'schen Phalanx", die wir in unserer Einleitung angeführt haben, würde ihn in festlichem Zuge empfangen um zur Feier seiner Wiederkehr

ein erzenes Denkmal zu gründen, und Einer derselben würde eine Festrede halten, ähnlich der, welche wir hier folgen lassen:

Hochzuverehrendste Anwesende! Hochachtbarste Collegen, resp. Amtsgenossen, und sonstig dieser Feier Beiwohnende! — Der Tag ist erschienen und das Werk vollendet! welch' ein Tag und welch' ein Werk! Das Bild des Edelsten soll von der Sonne heute das erste Mal beschienen werden! Er, welcher seit der Beamtenstand als solcher ein unerläßig integrirender Theil der menschlichen Gesellschaft und des staatlichen Lebens besteht, uns voranleuchtet auf der Bahn unserer beschworenen Pflicht, unseres gemeinsamen Wirkens, — Er, welcher ungeachtet der in allen Registraturen bis zur Vermoderung sich häufenden Acten, nicht altert, ja stets sich der blühendsten Manneskraft erfreut, — Er, der trotz aller neuerer (dem Himmel sei Dank nur einseitiger) Tendenzen, die Amtswirksamkeit zu lähmen, den edlen Kiel abzustumpfen — ja das römische Gesetzbuch selbst zu verkürzen — fortlebt — Er ist und bleibt in seiner Persönlichkeit unalterirt, alle Stürme sind spurlos an ihm vorübergegangen und verjüngt geht Er aus Revolutionen hervor!

Auf dem Wege der Subskription gelang es uns, das Bild des Edlen im Ideale zu verkörpern, dessen Ausführung wir namhaften Künstlern zu danken haben,

die sich auf die uneigennützigste Weise der Lösung dieser erhabenen Aufgabe unterzogen!

Blicken Sie, meine Herren, auf die herrliche Gestalt! welche Würde im Ausdrucke! welch' ein Selbstbewußtsein! Ein Mantelwurf verhüllt zwar die theuren Formen; allein der bedeutsame gestickte Staatsdienerkragen, die würdige Hand, welche die Feder führt — sie sind sichtbar. Die Gesetzbücher an seiner Seite! Alles aus Erz, aber das „monumentum exegi" bleibt hier im großartigsten Sinne verkörpert und sehr richtig und sinnreich deutet die Inschrift des Marmorpiedestals mit entsprechendem Symbole auf Unsterblichkeit!

Ja, meine Herren! Er ist unsterblich! denn Er lebt in Tausenden und Tausenden, und wehe jener Zeit — wäre sie jemals möglich — in welcher der Nimbus dieser Unsterblichkeit schwände! Sein Untergang würde den der ganzen Menschheit mit sich reißen! Diese Welt wäre am Ende! denn alles staatliche Leben und somit alle gesellige Ordnung müßte aufhören!

Lassen sie uns deßhalb, meine Herren, unbeirrt und berufsgetreu fortschreiten auf der Bahn, die Er, ein leuchtendes Gestirn, vorangeht! Muth und Vertrauen!

Er lebe hoch! dreimal hoch!

ENDE.

Anhang

Michael Stephan
Franz von Poccis »Staatshämorrhoidarius« und die Münchner »Fliegenden Blätter«

Franz Graf von Pocci (1807–1876), selbst hoher Hofbeamter unter den drei bayerischen Königen Ludwig I., Max II. und Ludwig II., hat mit der von ihm erfundenen und gezeichneten Figur des »Staatshämorrhoidarius« dem Staatsbeamten ein bleibendes satirisches Denkmal gesetzt. Hinter erdrückenden Aktenbergen bringt Poccis Held sein Leben zu; die unermüdliche Schreibtischarbeit und der Mangel an körperlicher Beweglichkeit führt zu jenem fatalen Leiden, das dem Staatshämorrhoidarius seinen Namen einbringt; wenn er nicht auf Kur oder im Urlaub ist, sitzt er in seinem »Bureau« und entwickelt doch nur nutzlose Scheinaktivitäten; dennoch erklimmt er Sprosse um Sprosse auf der Beamtenleiter und steigt schließlich zu hohen Ehren auf.

Poccis Karikatur des subalternen Beamten erschien erstmals 1845 in den »Fliegenden Blättern«, der ersten humoristischen Zeitschrift Deutschlands. Bis ins Jahr 1863 taucht der »Staatshämorrhoidarius« immer wieder in loser Folge in insgesamt 26 Ausgaben der Zeitschrift auf. Mit Rücksicht auf seine verschiedenen Hofämter – seit 1830 war Pocci Zeremonienmeister, seit 1847 Hofmusikintendant – veröffentlichte Pocci seine Zeichnungen und Texte anonym, nur gelegentlich signiert er mit F. P. Auch die Buchausgabe des »Staatshämorrhoidarius« aus dem Jahr 1857, in dem die bis dahin erschienenen Folgen in anderer Anordnung und mit verändertem Text zusammengefasst wurden, nennt als Autor nur die Namensiglen F. P.

Die Figur des »Staatshämorrhoidarius« wurde seit ihrem Erscheinen so populär, dass sie sogar zum »geflügelten Wort« wurde. Die Buchausgabe von 1857 druckte man immer wieder nach (zuletzt im Jahr 1979), so dass der »Staatshämorrhoidarius« – neben dem Kasperl Larifari – zu Poccis bekanntesten Schöpfungen geworden ist.

Die »Fliegenden Blätter«

Die Zeitschrift »Fliegende Blätter«[1] erschien erstmals am 7. November 1844 im Verlag Braun & Schneider[2], der ein Jahr zuvor von Kaspar Braun (1807–1877), einem aus Aschaffenburg gebürtigen Künstler[3], und dem aus Leipzig stammenden Buchhändler Friedrich Schneider (1815–1864) in München gegründet

---

[1] Vgl. zum folgenden Eva Zahn, Die Geschichte der Fliegenden Blätter, in: Eva Zahn (Hrsg.), Facsimile- Querschnitt durch die Fliegenden Blätter, mit einer Einleitung von Erich Pfeiffer-Belli, München [1966], S. 9–18.
[2] Ulrike Eichler, Münchener Bilderbogen, in: Oberbayerisches Archiv 99 (1974), S. 7–10 (Kapitel III: Die Firmengeschichte von Braun & Schneider).
[3] Franz von Pocci, Über Kaspar Braun, in: Allgemeine Zeitung, München und Augsburg, Nr. 34 vom 30. Januar 1867, Beilage S. 554.

worden war. Dies war der Start für ein auf dem Gebiete der humoristischen Literatur überaus erfolgreiches Unternehmen. Der Verlag hatte seinen Sitz zunächst am alten Dultplatz beim Rochusberg, zog dann 1848, als die Auflagenzahlen der »Fliegenden Blätter« nach oben schnellten, ums Eck zum repräsentativen Maximiliansplatz (hier wohnte auch Pocci), wo er bis in die siebziger Jahre des 20. Jahrhunderts residierte und humoristische Schriften und Bilderbücher für Kinder herausbrachte. Für das 19. Jahrhundert sind hier vor allem die »Münchener Bilderbogen« zu nennen, eine Serie von Einblattdrucken, die von 1848 bis 1898 14-tägig erschienen, oder »Max und Moritz« von Wilhelm Busch (1865).

Bei den »Fliegenden Blättern« handelte es sich nicht um echte »fliegende«, d. h. lose Blätter, sondern um eine acht Seiten starke, broschierte Zeitschrift, deren Inhalt Humor in Wort und Bild war. Sie sind damit das älteste jener deutschen Unterhaltungsblätter, die die Gleichberechtigung von Texten und Illustrationen zum Programm erhoben und konsequent durchführten.

Die einzelnen Nummern erschienen »zwanglos« (was einen sofort an eine der damaligen Münchner Künstlervereine, die 1837 von Pocci mitbegründete »Gesellschaft der Zwanglosen«, erinnert). Ab Nr. 4 wurde der Turnus auf »monatlich 2 bis 3 Mal« festgelegt, ab Nr. 50 erschien das Blatt wöchentlich einmal. Der Preis für eine Nummer betrug neun Kreuzer (ab Nr. 6 zwölf Kreuzer). Der Druck erfolgte zunächst bei Friedrich Pustet in Regensburg (ab Nr. 24 bei J.P. Himmer in Augsburg, ab Nr. 400 Schnellpressendruck von C.R. Schurich in München). Die Einzelausgaben blieben viele Jahre undatiert, jeweils 24 Nummern wurden zu einem Band zusammengefasst (Subskriptionspreis drei Gulden und 36 Kreuzer), wobei sich die Herausgeber bis zum 25. Band weder an Semester noch an Quartale hielten. Auch die Sammelbände blieben bis auf die ersten beiden (1845 und 1846) undatiert. Ab Januar 1857 (mit Band 26) erschienen jedes Jahr 52 Nummern in zwei Bänden von je 26 Nummern (statt wie bisher in 24), das Abonnement eines Bandes kostete nun drei Gulden und 54 Kreuzer. Die Auflage stieg von 4600 Exemplaren im Jahr 1844 auf 95 000 im Jahr des 50-jährigen Bestehens des Verlags.

Die »Fliegenden Blätter« kamen ohne Unterbrechung hundert Jahre lang heraus und gingen erst im September 1944 in der Schlusskatastrophe des Zweiten Weltkriegs unter. Sie sind das am längsten erschienene Exemplar dieser Gattung und einer der speziellen Langläufer der Zeitschriftengeschichte überhaupt, also noch älter als der Berliner »Kladderadatsch«, der es immerhin auf eine Laufzeit von 1848 bis ebenfalls 1944 brachte. Wegen der der enormen Laufzeit des Blattes sind daher die Einzelheiten seiner Produktionsgeschichte höchst imponierend: 200 Bände, über 5000 Nummern, über 90 000 Seiten.

Die Zahl der Autoren der meist humoristischen Texte ebenso wie die der Zeichner der oft präzisen und griffigen Illustrationen geht jeweils in die Hunderte. Der Anteil des Zeichnerischen übertraf jedoch den des Literarischen immer sowohl qualitativ wie quantitativ. Die Textbeiträge waren nicht immer gleichwertig und sind heute in ihren Zeitbezügen oft gar nicht mehr verständlich. Da die Beiträge fast durchweg nicht namentlich gekennzeichnet sind, fällt zudem eine Zuordnung oft schwer.

Allgemeine Wertschätzung erfuhren die »Fliegenden Blätter« für ihre zielsichere, satirische Charakterisierung des deutschen Bürgertums. Beliebte Serienfiguren aus der Frühzeit der Zeitschrift waren – neben Poccis »Staatshämorrhoidarius« – die Gestalten Eisele und Beisele. Herr Baron Beisele und sein Hofmeister Dr. Eisele belebten auf ihren »Kreuz- u. Querzügen durch Deutschland« die Zeitschrift von der Nr. 38 des Jahres 1846 (Band II, S. 108) bis zur Nr. 395 des Jahres 1853 (Band XVII, S. 88). Die zeichnerisch hervorragenden Holzschnitte schuf Kaspar Braun, für die guten und treffenden Texte sorgte Friedrich Schneider, sein Verlagskompagnon.⁴ Zu ihrer Zeit erfreuten sich Eisele und Beisele als feste Typen so großer Popularität, dass sie sich sogar als Nippesfiguren verselbstständigten.⁵

Im Oktoberheft 1855 (Band XXI, Nr. 493, S. 102f.) veröffentlichte der Mediziner Adolf Kußmaul (1822–1902) unter Mitarbeit des Juristen Ludwig Eichrodt (1827–1892) erstmals eine Persiflage auf naivkomische Gedichte unter dem Titel »Auserlesene Gedichte von Weiland Gottlieb Biedermaier, Schulmeister in Schwaben, Erzählungen des alten Schartenmaier. Mit einem Anhange von Buchbinder Horatius Treuherz«, die in Fortsetzungen bis 1857 erschienen. Von diesem Schulmeister Biedermaier leitete sich später der Begriff »Biedermeier« für die Epoche zwischen den Revolutionen von 1830 und 1848. Die »Fliegenden Blätter« »waren die eigentliche Heimat einer ironisch-heiteren Naturkunde der versunkenen ›Biedermaier‹-Welt mit ihren Trivialitäten, Ängsten, Träumen, Moden, Marotten und Phantasien. In ihnen tummeln sich neben dem Dorfschulmeister Biedermaier eine ganze Legion von Maiern und Meiern mit schaurig-schönen Namen, so der ebenfalls sehr berühmt gewordene Turner Kraftmeier, der ängstliche Philister Heulmaier, der Abgeordnete Piepmeier, der feiste Herr von Speckmaier, der Jäger Schießmaier, der Großhändler Silbermeier, der Hundedresseur Stockmeier und so weiter und so fort. Man darf sagen, dass ›Biedermaier‹ ein Begriff aus der Münchner Kunst ist und hier seine Formulierung und erste Umsetzung fand.«⁶

Viele namhafte Münchner Künstler waren neben Braun und Pocci bei den »Fliegenden Blättern« tätig gewesen. Für die Frühzeit⁷ sind hier vor allem zu nennen: Moritz von Schwind (1804–1871), Carl Spitzweg (1808–1885), Hermann Dyck (1812–1874), Eduard Ille (1823–1900), Carl Stauber (1815–1902), Max Haider (1807–1873), Anton Muttenthaler (1820–1870); aus der mittleren Periode der »Fliegenden Blätter« stammen die Illustrationen von Edmund Harburger (1846–1906), Wilhelm Diez (1839–1907), Lothar Meggendorfer (1847–1903), Ludwig von Nagel (1836–1898) und Hermann Schlittgen (1859–1930), vor allem aber von den beiden berühmteren Künstlern Adolf Oberländer (1845–1923) und Wilhelm Busch (1832–1908), der 1854 nach München kam und bis 1874 für den Verlag Braun & Schneider tätig war. Wie viele andere Künstler der »Fliegenden Blätter« gestaltete auch er viele der »Münchener Bilderbogen« (50 Ausgaben in den Jahren 1858 bis 1874; zum Vergleich: Pocci schuf 29 Ausgaben zwischen 1848 und 1866).⁸

---

4   Als in Bäuerle's Theaterzeitung vom 15. Februar 1847 die Karikaturen Wilhelm von Kaulbach und Rudolf Marggraff zugeschrieben wurden, rückte die Redaktion der »Fliegenden Blätter« noch im gleichen Monat in Nr. 82 (Band IV, S. 10) eine Erklärung ein: »Erdacht wurden ›Eisele und Beisele‹ durch die Unterzeichneten; die Zeichnungen sind von Casp[ar] und Braun, Namen und Texte aber von Fr[iedrich] Schneider.«
5   Vgl. Abbildung bei: Hans Ottomeyer (Hrsg.), Biedermeiers Glück und Ende. ... die gestörte Idylle 1815–1848 (Katalog der Ausstellung im Münchner Stadtmuseum), München 1987, S. 337, Kat. 4.2.13.8 und Kat. 4.2.13.10.
6   Hans Ottomeyer, Von Stilen und Ständen in der Biedermeierzeit, in: Ottomeyer (wie Anm. 5), S. 92.
7   In einem Exemplar der »Fliegenden Blätter« aus der Bayerischen Staatsbibliothek (4° Per. 6 ea) ist zwischen Band XXXIII und Band XXXIV (1859/1860) ein Doppelblatt (alte Signatur: Gesch. p. 1416) eingebunden: »Die Zeichner der Fliegenden Blätter. 1844–1860«, dazu die Belegstellen in den einzelnen Bänden. Diese Zusammenstellung ist allerdings nicht aus dem Jahr 1860; sie enthält auch die Lebensdaten der Künstler und kann daher frühestens 1886 entstanden sein (vgl. dort: Karl Piloty 1826–1886).
8   Vgl. Eichler (wie Anm. 2), S. 90f.

München,
Verlag von Braun & Schneider.

Nro. 1.

Erscheint zwanglos.
Preis der Nummer 9 fr. R. W. od. 2 ggr.

Das Heidelberger Fass.

Also geschah es in dem gesegneten Weinmonate des Jahres ein tausend acht hundert und zwei und vierzig, und die Hitze war gar gewaltig in allen deutschen Gauen. Da wanderten zween Handwerksbursche von Darmstadt nach Heidelberg, die Bergstraße entlang. Der Jüngere, ein Leineweber von Profession, war in Memmingen daheim, und hatte vor kaum vier Wochen durch bayerisch Schwaben und Franken seinen ersten Ausflug in die Welt begonnen. Mit den Schwalben war er flügge geworden, und wollte sein Glück versuchen in anderer Herren Ländern. Nun ist es aber nicht Jedermanns Sache, sich behaglich zu fühlen unter wildfremden Menschen, die unsere liebgewordenen Gewohnheiten belächeln und unsere Ansichten bekritteln, denen der Ton unserer Rede nicht so zu Herzen dringt, als den Leuten in der Heimath. So ging es denn auch dem ehrlichen Leineweber mit jeder Meile Weges, die er weiter schlenderte, tiefer zu Gemüthe, daß im deutschen Reiche nicht alle eines Sinnes seien mit seinen Landsleuten, und als er vom Main herüber kam gegen den Rheingau, dünkte ihm selbst die Sprache nicht mehr recht just. Da überfiel ihn

Titelseite der ersten Nummer der »Fliegenden Blätter« (Band I, Nr. 1, S. 1)

Ein Kennzeichen der »Fliegenden Blätter« war das hohe künstlerische Niveau der Ausstattung. Zum Verlag gehörte auch das graphische Unternehmen »Anstalt für Holzschneidekunst«, die Kaspar Braun 1838 gegründet hatte. Durch Schulung der Stecher, der Xylographen, wurde der Holzstich zu einer erstaunlichen Ausdrucksfähigkeit entwickelt, die guten Holzschnitte wurden gut gedruckt, bis 1885 noch vom Holzstock. Dieses Hochdruckverfahren hatte den Vorteil, dass man Holzstich-Bilder gleichzeitig mit gesetzter Schrift drucken konnte, was zum Erfolg der Bildergeschichten wie des »Staatshämorrhoidarius« beitrug.[9] Das Verfahren hatte auch den Vorteil, dass sich Holzstöcke und Textblöcke beliebig kombinieren ließen. Deswegen konnten Braun & Schneider einen Teil der in den »Fliegenden Blättern« erschienenen Bildergeschichten später auch in anderer Zusammenstellung zweitverwerten – in den »Münchener Bilderbogen« etwa oder – wie beim »Staatshämorrhoidarius« – auch als Buch.

Schon die Titelvignette der ersten Nummer der »Fliegenden Blätter« gab einen wahrhaft explosiv-aggressiven Auftakt (Abb. S. 44). Der Schriftsteller und Journalist Erich Pfeiffer-Belli (1901–1989) erinnert sich an seine ersten Leseerlebnisse, wie er die Bände der »Fliegenden Blätter« in der Bibliothek seines Großvaters in Frankfurt am Main entdeckt hat:

»Was zuerst gefiel und stets wieder betrachtet wurde, das war der Titel: das fliegende Schriftband, auf dem reitend eine bunte Gesellschaft sich gleichermaßen in Balance zu halten suchte. Sie wurde von einem Narren mit Schellenkappe, Zepter und einem Sonnenzeichen in der Linken angeführt, an den sich, etwas kläglich, ein Frauenzimmer mit Schutenhut klammerte. Ihr schloss sich ein vollbärtiges Mannsbild an, das, eine Art Chronos, sich eine Dampfmaschine und eine Hippe, sprich Sense, unter den Arm geklemmt hatte. Es folgte eine Marionette mit Mozartfrisur, dann kam ein dickes Männlein mit einer überdimensionierten Zipfelmütze, und ein Soldat mit federgeschmücktem Zweispitz hatte gerade sein Gewehr gegen den Mond abgefeuert, der in Stücke zersprang, während ganz am Ende ein Maler, ein Zeichenkünstler [Kaspar Braun?], mit seiner Bleifeder auf einen israelitisch dreinschauenden Menschen losschlug, um ihn am Mitfliegen zu hindern. Drunten sah man – ›O Täler weit, o Höhen‹ – eine zart angedeutete, gewisslich deutsche Landschaft sich ausbreiten. Ich kenne die lustige Kalvakade so genau, weil ich sie nach einer Art unausgesprochenem Ritus jedes Mal wieder mit Freude betrachtete, wenn ich den ersten Band der ›Fliegenden‹ aufschlug.«[10]

Bereits ab Nr. 2 änderte sich der Kopf der Titelseite, er wurde braver und stiller (Abb. S. 46). Die Landschaft fehlte, auf dem Schriftband mit der Aufschrift »Fliegende Blätter« saß von der ersten

---

[9] Eckart Sackmann, Keine Sprechblasen, in: RRAAH! 45 (November 1998), S. 22–26. – Der Beitrag in dieser deutschen Comic-Fachzeitschrift untersucht den Einfluss der Drucktechnik auf die Comic-Kunst im Vergleich des »Staatshämorrhoidarius« mit Poccis ebenfalls 1845 entstandener Bilderserie »Histoire de Monsieur Spinat«. Diese privaten, für den Freundeskreis geschaffenen Federzeichnungen, bestehend aus elf nummerierten Bildern im Stil Rodolphe Töpffers, enthalten Sprechblasen, die hier möglicherweise zum ersten Male als Stilmittel eingesetzt worden sind. Die Zeichnungen wirken dadurch weitaus lebendiger als die über den Holzstich gedruckte Bilderserie des »Staatshämorrhoidarius«. »Histoire de Monsieur Spinat« wurde zu Poccis Lebzeiten nicht veröffentlicht. Ein Nachdruck findet sich in: Franz Wolter, Franz von Pocci als Simplizissimus der Romantik, München 1925.

[10] In: Zahn (wie Anm. 1), S. 5f. – Pfeiffer-Belli erwähnt auch die »Münchener Bilderbogen«, »deren in Halbleder gebundene Jahrgänge gleichfalls vollständig in der großväterlichen Bibliothek standen. Poccis Herrlichkeiten, Szenen mit und ohne Worte, ließen sich dort finden und beglückten uns« (ebd., S. 6).

Titel-Vignette nur noch der Narr mit der Schellenkappe, der nun Seifenblasen steigen ließ, und der kleine Chinese – stellvertretend für alles Exotische; in der Mitte dominierte nun ein melancholischer Ritter mit Harfe, rechts neben ihm zwei Edelfräulein; zwei feixende Zwerglein schauten aus dem sich aufrollenden Schriftzug. Auch der »in fast nazistischer Art karikiert(e)«[11] Jude (mit langem Bart, Hakennase und Geldsack) war verschwunden, doch gehörten judenfeindliche Klischees leider weiterhin zum Repertoire der »Fliegenden Blätter«.[12]

Für die Titelseiten der jeweiligen Sammelbände hat sich Kaspar Braun selbst als komischen Posaunenengel mit Narrenkappe und Flügel gezeichnet, wie er ein leeres Spruchband mit den tanzenden Scherenschnitt-Figuren seines Welttheaters empor hält (Abb. S. 47).

Das Zustandekommen einer Nummer der »Fliegenden Blätter« schildert sehr eindringlich Adolf Döpler, ein Mitarbeiter aus dieser ersten Zeit, in seinen Lebenserinnerungen. Er erzählt von der Einladung Kaspar Brauns, »in den Abendstunden zur Dämmerzeit auf die Redaktion zu kommen, um mit den anderen dort verkehrenden Künstlern und Schriftstellern bekannt zu werden und an der Arbeit der Gestaltung der nächsten Nummer teilzunehmen. (...) Fast täglich hatten

---

[11] Ebd., S. 6.
[12] Beispiele Band IV [1847], Nr. 95, S. 184: Zeichnung von Carl Stauber »Neuester Menschentarif«; dort Darstellung des Advokaten. – Band V [1847], Nr. 110–114, S. 105ff.: Die bösartige und gehässige Fortsetzungsgeschichte »Güterzertrümmerer« von Eduard von Ambach handelt – mit entsprechenden Zeichnungen – von »Lämmle, dem feisten Juden, der (...) auf Hypotheken Gelder lieh, und bei vielen Ganten und Güterzertrümmerungen beteiligt war«; eine andere Person in dieser Geschichte wird so charakterisiert: »nach seinen markierten verschmitzten Zügen zu schließen ein Israelite wie Lämmle« (S. 106); die Geschichte endet: »Möge man es günstig aufnehmen, wenn wir mitten unter den heitern Gestalten der fliegenden Blätter auch das Elend schildern, was gleich giftigem Unkraute Glück und Frieden erstickt, und dessen Urheber, hinter den Formen veralteter Gesetze verschanzt, tagtäglich neue unheilvolle Saaten ausstreuen« (Nr. 114, S. 140). – Ab Ende der sechziger Jahre finden sich oft zwei bis drei Bildwitze mit Juden in den »Fliegenden Blättern«, z.B. die Zeichnung »Physiognomische Studien auf dem Brühl in Leipzig während der Messe« in Band XLVIII [1868], Nr. 1182. – Auch bei Pocci finden wir solche judenfeindlichen Stereotypen von scheinbar vordergründiger Harmlosigkeit (vgl. Anm. 36).

Titelblatt von Band I (1845)

wir in den Dämmerstunden unsere Zusammenkünfte auf der Redaktion der Fliegenden Blätter, die aus zwei kleinen Zimmern bestand, am alten Dultplatz. (...) Wenn man in den von Tabaksqualm erfüllten Raum eintrat – die Zigarren lieferten Braun und Schneider – so musste man sich erst orientieren, ehe man die einzelnen Herren erkannte, so dicht war der Qualm. Da war der berühmte Moritz von Schwind, Spitzweg, der geniale Maler und Humorist, häufig auch Graf Pocci, der Dichter der Märchen, die heute noch in Marionettentheatern das kleine Volk entzücken und erfreuen; (...). Ehe die Woche verging, war Material genug für eine neue Nummer vorhanden, und nun ging es an die Verteilung des zeichnerischen Teils der Arbeit, alles unter herzlich gutem Einvernehmen, Scherz und Lachen. Ich denke oft an jene gemütlichen, geistig inhaltsvollen und dabei so harmlosen Abende.«[13]

Doch Döpler beschränkt sich nicht nur auf wehmütige Rückblicke, er gibt auch aufschlussreiche Hinweise auf die oft gar nicht so harmlosen Zeitumstände der Gründungsjahre: »In jenen Tagen stand es noch kritisch mit den Fliegenden Blättern. Es war das erste Blatt dieser Art, welches in Deutschland erschien, das damals am Ausgang der Metternichschen Periode recht arm an Humor war.« Döpler spricht dann vom Druck, den Polizei und Beamtenschaft ausübten, von der ständigen Demagogenriecherei, der Angst vor Spitzeln und der Zensur.

Rechtsgrundlage für die »Aufsicht auf die in München erscheinenden Unterhaltungsblätter« – so die amtliche Bezeichnung[14] – war vor allem das Edikt über die Freiheit der Presse und des Buchhandels vom 26. Mai 1818. Dieses Edikt schränkte das in der Präambel der Verfassung von 1818, die sich das Königreich Bayern als quasisouveräner Staat im Rahmen seiner seit 1815 bestehenden Mitgliedschaft im Deutschen Bund gegeben hatte, vollmundig konzedierte Recht auf freie Meinungsäußerung wieder ein. Was die Verfassung gewährt hatte, nahm das Edikt wieder zurück – so sahen es schon die Zeitgenossen. So bestand die (Vor-)Zensur der politischen Zeitschriften weiter (§ 2) und ermöglichte die (Nach-)Zensur durch die Polizeibehörden bei Gesetzesübertretungen (§ 7), wobei mit den Bereichen Politik (»Monarch, Staat und dessen Verfassung«), Religion und Moral (wenn »Schriften oder sinnliche Darstellungen der öffentlichen Ruhe und Ordnung durch Verführung zu Wollust und Laster gefährlich« sind)[15] die drei klassischen Felder für Zensurmaßnahmen beschrieben sind.

Nur kurze Zeit blieb die bayerische Pressepolitik Bestandteil innerstaatlicher Souveränität. Schon ein Jahr später – der für nationale Einheit und demokratische Regierungsformen eintretende Student Karl Sand hatte einen politischen Mord begangen – erwirkte der österreichische Außenminister Fürst Metternich die bekannten Karlsbader Beschlüsse. Auf ihrer Grundlage erließ der Bundestag in Frankfurt am 20. September 1819 ein Pressgesetz als Gesetz des Deutschen Bundes, das die Präventivzensur für alle Schriften von weniger als 20 Bogen (das sind immerhin 320 Seiten) einführte. Da dieses (1824 erneuerte) Bundesgesetz auch für Bayern bis 1848 bindend war, stand man hier in

---

[13] Zit. nach Zahn (wie Anm. 1), S. 11.
[14] Vgl. Staatsarchiv München, RA 15859/3 (1845-1847). Dieser Präsidialakt der Regierung von Oberbayern spiegelt auf dem Aktendeckel den Aktenplan wieder: »H. Polizei-Gegenstände. – LXXXV. Censur und Preßfreiheit. – 8. Aufsicht auf die in München erscheinenden Zeitungen«. – Die »Fliegenden Blätter« kommen bezeichnenderweise darin nicht vor.
[15] Vgl. Michael Stephan, Die Zensur auf der Jagd nach unzüchtigen Schriften, in: Karin Dütsch – Achim Sing (Hrsg.), Ein Krone für Bayern. 200 Jahre Königreich Bayern, S.66-67.

der Zensurpraxis in einem Konflikt zwischen Verfassungstreue und Bündnispflicht, auch wenn der Ermessensspielraum unterschiedlich gehandhabt wurde.

Daran änderte auch die Thronbesteigung von König Ludwig I. im Jahre 1825 nichts – trotz einiger liberaler Äußerungen in den Anfangsjahren. Nach der Julirevolution 1830 in Frankreich verschärfte der König, der neoabsolutistisch auf dem monarchischen Prinzip beharrte, die Zensurmaßnahmen sogar noch. Neben politischen wurden nun auch verstärkt antiklerikale Schriften ins Visier genommen. In der Hof- und Staatsbibliothek wurde in diesem Jahr ein eigenes Fach »Prohibita seu Remota« eingerichtet, um die beschlagnahmten Druckschriften oder Periodika aufzubewahren, die sich mit den herrschenden Zuständen in Staat und Kirche auseinandersetzen. Die zahlreichen Akten von Polizeibehörden, Regierungen[16] und Innenministerium[17] in den Staatsarchiven belegen deutlich die Handhabung der Pressezensur gegenüber Zeitschriften und Zeitungen im Vormärz, der Zeit vor der Revolution von 1848.

In Anbetracht dieser Zeitumstände erklärt es sich, warum die ersten Nummern der »Fliegenden Blättern« ziemlich unpolitisch waren und nur harmlose Unterhaltung boten.[18] Das änderte sich mit dem Jahr 1847, als viele Beiträge auf die neuen Zeichen der Zeit reagierten. Nun verkauften sich die »Fliegenden Blätter«, die anfangs gar nicht gut gingen, auch besser.[19] Doch aktenkundig wurde das Blatt bei den Behörden auch in diesen Zeiten nie, denn von zu direkten Anspielungen auf bayerische Verhältnisse oder gar Angriffen auf den König, wozu die Lola-Montez-Affäre in München genügend Stoff geboten hätte, hielt man sich lieber zurück. Karikiert wurde lieber allgemein der deutsche Michel, schlafend (Band III, Nr. 70, S. 173) oder erwacht als Laokoon (Band VII, Nr. 162, S. 144), und immer wieder auch die belächelte Gleichmacherei der »Communisten« (Band II, Nr. 25, S. 8; Band III, Nr. 71, S. 184; Band VI, Nr. 128, S. 63), was die eigentlich konservativ-bürgerliche Grundhaltung des Blattes offenbart. Erst als König Ludwig I. am 16. Dezember 1847 Zensurfreiheit in allen inneren Angelegenheiten zusicherte, trauten sich auch die »Fliegenden Blätter« mehr.[20] Sie verfochten eine Zeit lang »entschieden demokratische Ziele«.[21] So geben viele Karikaturen, vor allem die von Kaspar Braun, die Stimmung

---

[16] Staatsarchiv München, RA 19883–20758: ca. 875 Einzelfallakten (1830–1849).

[17] Bayerisches Hauptstaatsarchiv, MInn 25097–25132. In dieser Aktenserie finden sich alphabetisch aufgelistet Dossiers über fast 500 Zeitungen aus den Jahren 1801 bis 1854 (mit deutlichem Schwerpunkt auf den Jahren 1830–1848). Die »Fliegenden Blätter« befinden sich nicht darunter.

[18] So auch das Gesamturteil von Florian Dering über die »Fliegenden Blätter« im Biedermeier-Katalog (wie Anm. 5), S. 338 (Kat. 4.2.13.9): »wirklich satirische Schärfe nur selten zu finden«.

[19] Adolf Döpler (wie Anm. 13) erinnert sich: »Da, mit einem Male, es war um die Zeit der Ostermesse 46 oder 47, drehte sich die Wetterfahne nach der Seite des Erfolgs, und die Bestellungen regneten nur so herein, so schnell und unvermittelt, dass die bisher recht magere Abonnentenzahl mächtig anschwoll und für die Zukunft das Allerbeste versprach.«

[20] Vgl. dazu direkt folgenden Dialog unter der Überschrift »Preßfreiheit«: »Na, was giebts Neues in der Zeitung?« – »Allerlei, z.B. Preßfreiheit in Bayern, NB. aber nur für innere Angelegenheiten.« – »Was hältst denn du für innere Angelegenheiten?« – »Narr, das sind: Theater, Pferdefleisch, schlechte Trottoirs, wie viel Hasen geschossen worden, Geborne und Gestorbene etc., alles Andere gehört in die Categorie der Persönlichkeiten, worüber die Presse nichts bringen darf – voila unsre Preßfreiheit« (Band VI, Nr. 130, S. 79).

[21] Kurt Hoffmann, Sturm und Drang in der politischen Presse Bayerns 1845–1850, in: Zeitschrift für bayerische Landesgeschichte 3 (1930), S. 233. – Neben den »Fliegenden Blättern« zählt Hoffmann den »Punsch« (seit Januar 1848) und die »Leuchtkugeln« (seit Januar 1849) zu den »drei illustrierten satirischen Wochenschriften, denen es durch rechtzeitiges Einschwenken in gemäßigte Bahnen gelingt, die Revolutionszeit zu überdauern« (ebd.).

in München vor, im und nach dem Revolutionsjahr 1848 sehr zutreffend wieder (z. B. Band VI, Nr. 135, S. 120: »Ein diplomatisches Gesicht im Februar 1848«). Die Dramatik der Ereignisse mit der Befreiung des deutschen Adlers und der Hoffnung auf ein deutsches Parlament (»Beginnendes Erwachen«) spiegelt sich auch in mehrseitigen, unpaginierten Beilagen, die zusätzlich zu den »Fliegenden Blättern« gedruckt wurden (Band VI, nach Nr. 135 und nach Nr. 138).

Nur für diese kurze Zeitspanne kann sich deshalb auch Erich Pfeiffer-Belli zu einem positiven Urteil über die Zeitschrift durchringen: »Während der kurzen, gläubig bewegten Kampfjahre der ›Fliegenden Blätter‹, da sie für die 48er-Ideale hoffnungsvoll stritten, erfüllten sie eine Mission, mag deren Wirkung auch noch so schwach, bedeutungs- und folgenlos gewesen sein. Dann aber kamen die lauen und matten Jahrzehnte, wo die Redaktion sich in jenen Winkel zurückzog, in dem nur noch Witze, nur noch belangloser Humor erzeugt wurden, kurzum dahin, wo die Politik, der man einmal gedient hatte, keinen Platz mehr fand. Man besann sich auf jenen Teil des deutschen Charakters, dessen Kern es ist, an der Politik, das heißt an der allgemeinen Verantwortung, keinen Anteil zu nehmen.«[22]

Wenn auch die Beobachtung Pfeiffer-Bellis über das Niveau der »Fliegenden Blätter« zutreffend ist, so greift sie doch, was die Ursache für ihren Rückzug aus der Politik betrifft, zu kurz. Gerade die restaurative, ja reaktionäre zehnjährige Phase der bayerischen Politik nach 1849 war geprägt von erneuter Überwachung und Furcht vor Revolution, die vor allem den 1848 nach der erzwungenen Abdankung seines Vaters auf den Thron gekommenen König Max II. sein Leben lang umtrieb. So unternahmen seine Innenminister Theodor von Zwehl (1849–1852) und August Graf von Reigersberg (1852–1859)[23], die dem König regelmäßig über »Demokratismus« und »republikanische Wühler und Bösewichte«[24] im Land Bericht erstatten mussten, nichts, um die 1848 zugesagten Reformmaßnahmen auf den Weg zu bringen, teilweise wurden sie sogar wieder zurückgenommen. So hatte das neue Edikt über die Freiheit der Presse und des Buchhandels vom 4. Juni 1848 zunächst die Vorzensur abgeschafft; bei Übertretungen von Strafgesetzen war nicht mehr die Polizei, sondern die Gerichte zuständig. Doch die vermeintliche Verrechtlichung brachte nicht die erhoffte Liberalisierung, sondern bedeutete im Grunde eine Verstrafrechtlichung: An die Stelle des präventiven Zensursystems trat ein repressives Justizsystem, an die Stelle des Zensors der Staatsanwalt und Richter; richteten sich die Maßnahmen bis dahin gegen Texte und Bücher, wurden nun Autoren, Verleger, Redakteure und Buchhändler kriminalisiert (vgl. dazu das einschlägige Gedicht »Präventiv oder repressiv« in den »Fliegenden Blättern«, Band VI, Nr. 137, S. 132–133). Das »Gesetz zum Schutz gegen den Missbrauch der Presse« vom 17. März 1850 schränkte das Edikt von 1848 bereits wieder ein und präzisierte in fünfzig einschlägigen Bestimmungen mögliche Straftatbestände, darunter auch Beleidigung der Behörden durch herabwürdigenden Spott.

So ist es kein Zufall, dass die »Fliegenden Blätter« genau in dieser Zeit mehrmals ins Visier der

---

[22] In: Zahn (wie Anm. 1), S. 7.
[23] Beide waren vor dem Ministeramt Regierungspräsidenten von Oberbayern; vgl. ihre beiden Kurzbiographien und Darstellungen ihrer exemplarischen Beamtenkarrieren von Michael Stephan, in: Stephan Deutinger, Karl-Ulrich Gelberg und Michael Stephan (Hrsg.), Die Regierungspräsidenten von Oberbayern im 19. und 20. Jahrhundert, S. 120–131 bzw. S. 141–149.
[24] Diese Formulierungen finden sich in einem Schreiben des Königs an Innenminister von Zwehl vom 17. Juni 1849 (Bayerisches Hauptstaatsarchiv, MInn 44366). – Den revolutionären Wühler verkörperte 1849 in den »Fliegenden Blättern« die Figur des Barnabas Wühlhuber, dem als Kontrast der larmoyante Spießbürger Casimir Heulmaier gegenübergestellt wurde (in Band IX, Nr. 204, S. 96 beginnt ihre gemeinsame Auswanderung nach Amerika).

Behörden gerieten.[25] Am 28. April 1853 wurde von der Polizeidirektion München die Nummer 402 beschlagnahmt und beim Kreis- und Stadtgericht München eine strafrechtliche Untersuchung eingeleitet, das aber das Verfahren gleich wieder einstellte. In dem Berichtschreiben der Regierung von Oberbayern an das Staatsministerium des Innern vom 28. Mai 1853 ist keine Begründung für die Beschlagnahme bzw. die Einstellung des Verfahrens angegeben. Der Auslöser war aber wohl eine Karikatur, in der Polizisten als »Orkane [!] der öffentlichen Sicherheit« bezeichnet wurden.[26]

Am 3. August 1855 nahm der sächsische Gesandte von Bose Anstoß an der bildlichen Darstellung »Der rehabilitierte Teufel in Dresden« in Nr. 519 der »Fliegenden Blätter« (Band XXII, S. 120), in der die Predigt eines evangelischen Geistlichen in der Dresdner Hofkirche lächerlich gemacht wurde. Das Staatsministerium des königlichen Hauses und des Äußern leitete die Beschwerde sofort an das Innenministerium weiter, das die Redaktion der »Fliegenden Blätter« davon in Kenntnis setzte und sie warnte, dass »sie bei etwaiger fernerer Berührung von Glaubenssachen in der incriminirten Richtung sich dem Verbote des Vertriebs der Blätter in dem Königreiche Sachsen aussetzen würde«.

Im Juli 1856 wurden die Redakteure Kaspar Braun und Friedrich Schneider wegen »Preßpolizei-Übertretung« vom Kreis- und Stadtgericht München verurteilt, weil sie die Nummern 558 und 569 der »Fliegenden Blätter« (Band XXIV) nicht vor Versendung bei der Polizeidirektion München vorgelegt hatten. In dem erfolglosen Berufungsverfahren, das sich über das Appellationsgericht für Oberbayern in Freising über den obersten Gerichtshof für das Königreich Bayern bis zum Urteil des Appellationsgericht von Schwaben und Neuburg vom 8. Dezember 1857 hinzog, ging es vor allem um die Frage, ob die »Fliegenden Blätter« nach Art. 44 des Gesetzes über den Missbrauch der Presse vom 17. März 1850 als »Zeitung« oder »Zeitschrift« zu beurteilen sei. Die Richter kamen zu der Überzeugung, dass auch »ein in regelmäßigen Zeiträumen erscheinendes Blatt, welches sich auf dem Felde des Humors und der Satyre unter Beigabe künstlerischer Illustrationen bewegt und selbstverständlich den Zeitereignissen und der Zeitrichtung nicht fremd bleiben kann, nicht unter die ›periodischen Schriften‹ gezählt werden« kann (so die Begründung des obersten Gerichtshofs vom 2. Oktober 1857); d. h. Unterhaltungsblätter unterlagen den gleichen presspolizeilichen Vorschriften wie die Zeitungen.

Braun und Schneider reagierten auf die Beschlagnahmungen und auf ihre Verurteilung auf ihre Weise mit Protestnummern der »Fliegenden Blätter«. In Nummer 574 druckten sie folgende Erklärung ab: »Da die ›Fliegenden Blätter‹ in den letzten Monaten zu wiederholten Malen hier, an dem Orte ihres Erscheinens, confiscirt wurden und dadurch eine Störung in der regelmäßigen Versendung die nothwendige Folge war, wird die Verlegung des Schauplatzes der ›Fliegenden Blätter‹ in das Ausland unsern geneigten Lesern hinlänglich motivirt erscheinen.« Alle Figuren der Nummern 574 bis 576, auch die der Titelvignette, wandelten nun in orientalischem Gewand (Abb. S. 52), und auch Poccis »Staatshämorrhoidarius« begab sich deswegen mit auf die Reise in die Türkei.

---

[25] Vgl. zum Folgenden: Bayerisches Hauptstaatsarchiv, MInn 65666. Der Akt mit der Laufzeit 1853–1858 hat folgenden Betreff auf dem Aktenumschlag: »Die ›Fliegenden Blätter‹. Wochenschrift von Braun und Schneider in München – Preßexzesse«.

[26] Eher harmlos ist in Nr. 402 die Fortsetzung der Serie »Aus dem Tagebuche des Herrn Chung Atai«, in der er unter dem 24. März [1853] aus »Mu-en-chen« über den dortigen »Regierungs-Trink-Tempel«, also das Hofbräuhaus, berichtet. – Möglicherweise hat Herbert Rosendorfer hier die Anregung für seine amüsanten »Briefe in die chinesische Vergangenheit« (1985) gefunden.

| 22. | Bestellungen werden in allen Buch- und Kunst-handlungen, sowie von allen Postämtern und Zeitungsexpeditionen angenommen. | Nro. 574. | Erscheinen wöchentlich ein Mal. Subscriptions-preis für den Band von 24 Nummern 3 fl. 36 kr. oder 2 Rthlr. Einzelne Nummern kosten 12 kr. oder 4 Sgr. | XXIV. Bd. |

Erklärung.

Da die „Fliegenden Blätter" in den letzten Monaten zu wiederholten Malen hier, an dem Orte ihres Erscheinens, confiscirt wurden und dadurch eine Störung in der regelmäßigen Versendung die nothwendige Folge war, wird die Verlegung des Schauplatzes der „Fliegenden Blätter" in das Ausland, unsern geneigten Lesern als hinlänglich motivirt erscheinen.

Das kranke Büble.

Liegt das Büble da im Bett
Zugedeckt so warm und nett,

Schmerzen hat's in Kopf und Bauch
Und im Magen zwickt es auch.

Protestnummer der »Fliegenden Blätter« (Band XXIV, Nr. 574, S. 169)

Als auf Druck des Landtags der umstrittene Innenminister August Graf von Reigersberg im Frühjahr 1859 seinen Rücktritt einreichen musste und der liberale Max von Neumayr sein Nachfolger wurde, machte der Ministerialerlass vom 14. Juni 1859 den vorangegangenen willkürlichen Auslegungen des Pressstrafgesetzes von 1850 durch die Polizeibehörden ein Ende. Erst jetzt löste sich der schwere Druck, der bisher auf der Presse gelastet hatte; erst jetzt konnte von wirklicher Pressefreiheit gesprochen werden.

Seit diesem Zeitpunkt eckten die Redakteure Braun und Schneider mit ihrem Blatt auch nicht mehr an. Schneider starb im selben Jahr (1864) wie König Max. II. Kaspar Braun erhielt sogar von König Ludwig II. im Jahr 1866 das Ritterkreuz zweiter Klasse des Verdienstordens vom heiligen Michael und in seinem Todesjahr noch das Ritterkreuz erster Klasse.[27]

Der »Staatshämorrhoidarius« in den »Fliegenden Blättern«

Kaspar Braun traf im Kreis der Münchner Romantiker auf Franz Graf von Pocci und Guido Görres (1805–1867), die zusammen seit 1833 die Jugendzeitschrift »Festkalender« herausgaben, für welche zahlreiche Münchner Künstler Illustrationen schufen, darunter auch Braun in den Jahren 1836 und 1837. Als Braun ab November 1844 mit den »Fliegenden Blättern« eine eigene Zeitschrift herausgab, gehörte wiederum Pocci zu den Mitarbeitern der ersten Stunde. Vielleicht hatte ihn Pocci selbst sogar zum Titel der Zeitschrift inspiriert, denn Pocci hat 1839 und 1841 Gedichtbände von Ludwig Bechstein bzw. Franz von Kobell illustriert, die auch schon »Fliegende Blätter« hießen.[28]

Der erste Beitrag von Pocci in Band I findet sich bereits in Nr. 3 der »Fliegenden Blätter«: das Gedicht »Künstlers Wanderjahre. Aphorismen aus meinem Tagebuch« mit sechs Zeichnungen (S. 20–23).[29]

Mit Nr. 8, die Anfang 1845 herauskam, erblickte Poccis »Staatshämorrhoidarius« das Licht der Welt, jedoch nicht im wahrsten Sinn des Wortes wie in der späteren Buchausgabe von 1857. Wir sehen Poccis Figur gleich in ihrem Lebensraum: »Der Staatsdiener am Actentisch« heißt die lakonische Bildunterschrift zur ersten Karikatur (vgl. Faksimile S. 7, links unten).[30] Und auch seine durch vieles Sitzen hervorgerufenen Unterleibsbeschwerden gehören von Anfang an dazu. Die erste Folge von acht Bildern wird beendet mit einer idyllischen Vignette (Abb. S. 54).

---

[27] Bayerisches Hauptstaatsarchiv, Ordensakten 13104. – 1866 wird Braun als »Landwehroberzeugwart« bezeichnet, 1877 als »Inhaber eines xylographischen Institutes«, bei der Rückgabe der Orden nach seinem Tod als »Redakteur der ›Fliegenden Blätter‹«.

[28] Vgl. Franz Pocci (Enkel), Das Werk des Künstlers Franz Pocci. Ein Verzeichnis seiner Schriften, Kompositionen und graphischen Arbeiten (Einzelschriften zur Bücher- und Handschriftenkunde, Band 5), München 1926, Nr. 91 und 116.

[29] Im ersten Band der »Fliegenden Blätter« ist Pocci neben dem »Staatshämorrhoidarius« noch mit drei weiteren Beiträgen beteiligt: eine Geschichte über »Robinson Crusoe« mit acht Zeichnungen (Nr. 14, S. 109–110) sowie die zwei Witzzeichnungen »Der kurzsichtige Schütz« bzw. »Ob der Fuchs lateinisch versteht?« (Nr. 24, S. 191).

[30] Zur Konkordanz der Bilder in den »Fliegenden Blättern« mit denen in der Buchausgabe von 1857 siehe Bibliographie S. 85.

»Pocci schert mit dieser Folge fast dramatisch aus dem Allerlei aus, das man stets von ihm erwartete, und tut etwas für einen Hofmann Unerhörtes: Er nimmt einen Beamten und mit ihm das gesamte Beamtentum auf den Arm – dazu gehörte mehr Mut, als wir uns in unserer Zeit, in der jede Tageszeitung das Recht auf die aktuelle Karikatur hoher und höchster Staatspersonen hat, vorstellen können.«[31]

Bereits in der »Fortsetzung« (in Nr. 21) erhält der Staatshämorrhoidarius einen Orden (vgl. Faksimile S. 22 rechts unten, S. 23 links oben). Die folgende Konsultation des Arztes (vgl. Faksimile S. 8 rechts unten) hat hier die Bildunterschrift: »In Folge des dieser Anerkennung zu Ehren von den Collegen des Gefeierten gegebnen Festdiners (das Couvert mit einer Flasche Gesellschaftswein zu 30 kr. R[heinischer] W[ährung]) stellen sich neue Beschwerden und Anschoppungen im Unterleibe ein. Der Arzt wird abermals zu Rathe gezogen und verordnet Bewegung, wo möglich Reiten.« Worauf nun der Reitunterricht bei Herrn Lejars[32] beginnt (vgl. Faksimile S. 9–10).

In Band II bringt die dritte Folge in Nr. 33 – wieder als »Fortsetzung« bezeichnet – die Einbruchgeschichte (vgl. Faksimile S. 13–14), die wieder mit der Vignette von der ersten Folge endet.

In Nr. 41 findet sich eine Karikatur von Pocci (ausnahmsweise mit seinen Anfangsbuchstaben »FP« signiert), die nicht als Fortsetzungsgeschichte des »Staatshämorrhoidarius« bezeichnet ist, sich aber dennoch ganz unverblümt und selbstironisch mit dieser Beamtensatire und den drohenden presserechtlichen Folgen auseinandersetzt (Abb. S. 56). Unter der Überschrift »Auf dem Büreau« überreicht der Staatshämorrhoidarius einem anderen Beamten ein Exemplar der »Fliegenden Blätter« mit den aufgeregten Worten: »Verehrtester Herr Collega! Nehmen Sie gefälligst die ebenerschienene Nummer der fliegenden Blätter in Augenschein. Wie ist es möglich, dass die Censur so Etwas hat passiren lassen können?! Mir um so unbegreiflicher, da der ganze ehrenwerthe Stand der k[öniglichen] Staatsdiener persiflirt, respective in specie lächerlich gemacht werden zu wollen scheinen dürfte! Was sagen der verehrliche Herr Collega dazu?« Auch das Gedicht »Der Regierungsrath« auf derselben Seite

---

[31] Marianne Bernhard, Nachwort zur Ausgabe »Der Staatshämorrhoidarius« (Die bibliophilen Taschenbücher 126), Dortmund 1979, S. 136.
[32] Vgl. die Worterklärungen und Erläuterungen zur Buchausgabe von 1857, S. 81f.

passt zu dieser Thematik und wurde von Pocci illustriert: mit einem »Staatshämorrhoidarius«, in Rückenansicht und vertieft in seine Aktenberge.[33]

In der vierten Fortsetzung (Nr. 44) macht der Staatshämorrhoidarius seine Bäderkur (vgl. Faksimile S. 11–12), in der fünften (Nr. 60) seine Fußreise ins Gebirge (vgl. Faksimile S. 15–17), an deren Schluss er sich – wie am Beginn der ersten Folge – »wieder am Actentische« befindet (vgl. Faksimile S. 7 links unten bzw. S. 8 rechts Mitte).

In den ersten Nummern von Band III ist Pocci zunächst mit anderen Beiträgen als mit dem »Staatshämorrhoidarius« vertreten.[34] Erst in Nr. 72 lässt Pocci unter der Überschrift »Correspondenz« den Staatshämorrhoidarius einen Beschwerdebrief an die Redaktion der »Fliegenden Blätter« schreiben, der nicht in die Buchausgabe von 1857 aufgenommen wurde. Auch hier kokettiert Pocci wieder mit der drohenden Zensur. In dem Brief vom 10. Dezember 1846 (die dazugehörige Karikatur ist wieder mit FP signiert; vgl. Faksimile S. 23 unten) will der Staatshämorrhoidarius veranlassen, dass der »Zeichner der mich betreffenden Bilder unter polizeiliche Aufsicht gestellt werden möge« (Abb. S. 57).

In Band IV ist Pocci zunächst die Karikatur »Glückliches Debut« (Nr. 83, S. 86) zuzuschreiben, der Vater der debütierenden Schauspielerin trägt sogar Poccis Züge.[35] In Nr. 84 erscheint der Staatshämorrhoidarius wieder unter der Überschrift »Correspondenz«. In einem weiteren Brief, diesmal datiert vom 10. Februar 1847 (die dazugehörige, hier wieder mit FP signierte Karikatur wurde später als Titelbild der Buchausgabe verwendet), verwehrt er sich dagegen, dass in Nr. 75 der »Fliegenden Blätter« »Sie mich nicht nur wieder in mehreren Scenen figuriren, sondern schließlich auch sogar vom Schlagflusse treffen lassen« (Abb. S. 58).

Diese Geschichte in Nr. 75 hat den Titel »Der Rechtsstreit des Barthl Kraxenhuber contra Kaspar Knollbäck, den Viehtrieb auf dem Säugraben betreffend«. Diesen Rechtsstreit durch mehrere Instanzen bearbeitet ein Herr Hinzelmann 1806 als Rechtspraktikant, 1816 als Landgerichtsassessor, 1826 als Stadtgerichtsrat und 1836 als Appellationsrat, bis er 1846 als Oberappellationsrat »während des Schlußreferates« einen tödlichen Schlaganfall erleidet; schließlich wird durch den Tod des Kaspar Knollbäck der Rechtsstreit gänzlich erledigt. Der Justizbeamte Hinzelmann trägt deutlich die Physiognomie des »Staatshämorrhoidarius«. Der Zeichner dieser im Stile etwas plumperen Bilderfolge hat deutlich Anleihen bei Pocci genommen. Deshalb lässt Pocci – ganz ironisch – den Staatshämorrhoidarius in seinem Beschwerdebrief den Redakteuren mit gerichtlicher Verfolgung drohen, »sobald Sie sich noch einmal erdreisten, sich meiner zu Ihren Zwecken zu bedienen« (Abb. S. 59/60).

---

[33] Auch in diesem Band II [1846] ist Pocci neben dem »Staatshämorrhoidarius« mit anderen Beiträgen vertreten: »Münchener Jahreszeiten« mit vier Zeichnungen (Nr. 35, S. 87); Karikatur »Quodlibet« (Nr. 37, S. 102); die Geschichte »Idylle. Frei nach Geßner« mit sieben Zeichnungen (Nr. 38, S. 110–111); die Geschichte »Wie man bei uns zu Lande per Extra-Post reist. Ein Nachtstück« mit fünf Zeichnungen (Nr. 43, S. 150); die Geschichte »Ein Abentheuer im Wirtshause« mit zwei Zeichnungen (Nr. 47, S. 184).

[34] Band III [1846]: Karikatur »Hoher Genuß« (Nr. 53, S. 39); Gedicht »Narziß und Echo« von Johann Baptist Vogl mit vier Zeichnungen Poccis (Nr. 54, S. 46); Karikaturenblatt »Frühlings-Rennen« mit acht Zeichnungen (Nr. 55, S. 54); 20 Illustrationen zu »Die Zauberflöte. Große romantisch-philosophische Oper mit neu umgearbeitetem Text« (Nr. 62, S. 109–110, Nr. 63, S. 119–120, Nr. 64, S. 123–125).

[35] Weiter Beitrag Poccis in Band IV [1847]: Zeichnung zum Gedicht »Romanze« von Johann Baptist Vogl (Nr. 87, S. 118).

Der Regierungsrath.

Melodie: Wohlauf, Kameraden, aufs Pferd, aufs Pferd!

Der Morgen graut, der Regierungsrath
Sitzt schon bei seinen Geschäften,
Ist ausgerüstet für Kirch' und Staat
Mit frisch erneuten Kräften.
Er denkt mit Freuden an seine Pflicht
Und schreibet einen neuen Bericht.

Er sitzet und sitzt in den Akten tief,
Hat Weib und Kinder vergessen,
Und hätte, wenn ihm die Frau nicht noch rief,
Sogar auch die Mahlzeit vergessen.
Er setzt sich zu Weib und Kindern und spricht
Von nichts als von seinem neuesten Bericht.

Der Regierungsrath nimmt kaum sich die Zeit,
Mit Ruhe das Mahl zu verzehren,
Da sieht man ihn schon mit Geschäftigkeit
Zurück an die Arbeit kehren.
Zwar hat er gegessen, doch weiß er es nicht,
Er dachte nur stets an seinen Bericht.

Der Regierungsrath ist geladen zum Thée,
Doch denkt er an seine Pflichten:
Gern kann er auf Ball und Assemblée,
Concert und Theater verzichten.
Die Welt hat so große Genüsse doch nicht,
Als ihm gewähret ein guter Bericht.

Der Regierungsrath und sein Aktenstoß
Sind ewiglich treu verbunden.
Beneidenswerthestes Menschenloos!
O selig verlebte Stunden!
Und wenn nun endlich das Herz ihm bricht,
So stirbt er an seinem letzten Bericht.

Auf dem Büreau.

„Verehrtester Herr Collega! Nehmen Sie gefälligst die „ebenerschienene Nummer der fliegenden Blätter in Augenschein. „Wie ist es möglich, daß die Censur so Etwas hat passiren „lassen können?! Mir um so unbegreiflicher, da der ganze „ehrenwerthe Stand der k. Staatsdiener persiflirt, **respective** „in **specie** lächerlich gemacht werden zu wollen scheinen dürfte! „Was sagen der verehrliche Herr Collega dazu?"

Signierte Karikatur von Franz von Pocci (Band II, Nr. 41, S. 135)

Correspondenz.

„Diesen Brief Seibelstorfer trag' er sogleich in die Redaction der fliegenden Blätter, lasse er sich aber einen Schein darüber geben."

„Flieg — en — de — Blätt — er; ah richtig, wo sie Ew. Gnaden Portrait gemacht haben!" —

„Was? — Portrait — Schafskopf — ich glaube gar er liest auch diese maliziösen Blätter?!"

An die verehrliche Redaction der fliegenden Blätter.

Ew. Wohlgeboren beliebten in mehreren Nummern Ihres sehr verbreiteten Blattes mich zur Zielscheibe Ihres Witzes zu wählen, und ich sehe mich veranlaßt, Sie aufmerksam zu machen, daß, wenn auch eine hohe Censur bisher nicht ins Mittel getreten, meinerseits nicht länger geschwiegen werden kann. Daß Ew. Wohlgeboren die landesüblichen Gesetze und Verordnungen nicht zu kennen scheinen und offenbar in einem error juris verharren, liegt am Tage. Dieselben scheinen die Artikel 405 und folgende des Strafgesetzbuches gänzlich zu ignoriren.

Wollten Ew. Wohlgeboren den Vorsatz zu beleidigen (animum injuriandi) in Abrede stellen wollen, so dürften die vorliegenden **facta** nur allzuklar Inquirenten **respective ein hohes Spruchcollegium zur Evidenz über den Thatbestand in's Klare** setzen. Diese facta bestehen aber in den schmählichen Zerrbildern, die ungehindert curfiren. Ja noch mehr! Ich möchte behaupten, daß so zu sagen auch in specie die Artikel 142 und folgende, die Verbrechen wider das Leben Anderer behandelnd, in Anwendung gebracht werden könnten, dürften — ja sollten, insoferne eine Untersuchung eingeleitet würde, da eine verehrliche Redaction durch den Aerger und Verdruß, den dieselbe mir veranlaßt, meine Vitalitätskräfte untergraben, und mir, so zu sagen, wenn auch bei nicht erweislichem dolus doch mit culpa nach dem Leben trachten, wenn nicht gar durch die dereinstige Sektion meines Leichnams ein qualifizirter Mord ermittelt werden dürfte. Ueberdieß leugne ich eventuell die mir angedichteten facta, welche Sie — respective Ihr maliziöser Zeichner — dargestellt. Namentlich ist gänzlich unwahr, daß ich mich so weit vergessen hätte, mit einer Truppe von englischen Reitern in's Benehmen zu treten und reiten zu lernen. Mein halbstündiger täglicher Nachmittagsspaziergang mit Einem meiner Titl. Herrn Collegen ist zu meiner Bewegung hinreichend. Die Darstellung meiner Gebirgsreise enthält ebenfalls so manche Unwahrheiten, was ich durch Zeugen nachzuweisen im Stande bin. In Anbetracht des eben Angeführten werden sich Ew. Wohlgeboren zweifelsohne von Ihrem Unrechte selbst zu überzeugen belieben und künftig unterlassen, sich der Gefahr einer Untersuchung oder einer privatrechtlichen Klage ferner noch auszusetzen. Jedenfalls werde ich aber zu veranlassen Gelegenheit ergreifen, daß der Zeichner der mich betreffenden Bilder unter polizeiliche Aufsicht gestellt werden möge.

Unter Versicherung ganz ausgezeichneter Hochachtung hat die Ehre sich zu nennen

Ew. Wohlgeboren

ergebenster
Staatshämorrhoidarius.

d. 10. December 1846.

Correspondenz (Band III, Nr. 72, S. 190)

94

Correspondenz.

P. P.

Mit größtem Befremden und außerordentlicher Entrüstung nahm ich die **Nro. 75** Ihrer fliegenden Blätter in die Hand, in welcher Sie mich nicht nur wieder in mehreren Scenen figuriren, sondern schließlich auch sogar vom Schlagflusse treffen lassen. Das ist doch mehr als arg, und mit Beziehung auf meine letzte an Ew. Wohlgeboren gerichtete Zuschrift vom 10. Dezember v. Js. muß ich mich wiederholt ernstlich verwahren, und protestire förmlich gegen das mir angeblich zugestoßene „vom Schlage Gerührtsein." Ich erfreue mich — Gott sei Dank — seit meinem letzten gastrischen Fieber eines fortwährend guten Gesundheitszustandes, und wirke in meinem Berufe so unausgesetzt, daß ich im Jahre 1847 — wie das Einlaufs- und Auslaufsprotokoll nachweist — bereits fünfhundertsiebenzig und acht Actennummern erledigt habe.

Daß die Nachricht meines angeblichen Schlaganfalles in Betreff verschiedener Rechtsverhältnisse, namentlich Erbschaftsangelegenheiten, Alimentationsverpflichtungen, ja selbst auf meine dienstliche Stellung eventuell für mich und meine entfernten Verwandten nicht ohne Belang sein dürfte, könnte mich sogar zu einer civilrechtlichen Klage gegen eine verehrliche Redaction veranlassen. Ich bin es in der That müde, in den Spalten Ihrer Blätter, welche sich nicht entblöden zur Freude lachlustiger einem gebührenden Ernste abholder Leser, die Leute ohne Weiters durch Schlagflüsse umzubringen, ferner zu figuriren. Ich werde sonach künftig nicht nur Sie, als Redacteure der fliegenden Blätter, sobald Sie sich noch einmal erdreisten, sich meiner zu Ihren Zwecken zu bedienen, sondern auch Ihre sämmtlichen Leser und alle jene Personen, welche sich mit dem Vertriebe Ihrer heillosen Blätter befassen, gerichtlich verfolgen, und verlange, daß Sie selbst diese meine Erklärung veröffentlichen, damit Jeder weiß, woran er ist.

Den 29. Februar 1847.

Ew. Wohlgeboren

ergebenster

Staatshämorrhoidarius.

Correspondenz (Band IV, Nr. 84, S. 94)

Welli kriecht de' Mann?
(Pfälzisch.)

Es hot e' Vater drei Töchter g'hat,
Alle drei zum heurathe recht,
Un' hot ihne' aach bal' a'gemerkt,
Daß jedi 'n Mann habe' möcht'.
Jez hot's aber an der Aussteuer g'fehlt,
For eeni hätt' sichs getha',
For drei aber nit, do happerts mi'm Geld,
Was fangt der Vater do a'?
Er ruft amol zamma die Mädcher die drei
Un' sächt: Ihr Kinner gebt Acht,
Do steht e' Schüßl mit Wasser voll,
Do werd e' Lottrie gemacht.
Wäscht euch drinn die Händ'
Un' habt ihr's getha',
So trücklt se nit mi'm e' Tuch,
Un' der se d'ererscht e so trucka wern,
Die kriecht for e' Heurath genuch;
Die annre die müsse' halt warte' noch,
Seht Mädcher, ich thu' was ich kann;
Do fanga die Mädcher zu wäscha' a'
Un' jedi denkt an 'n Mann.
Un' wie se die Händ' gewäsche' g'hat,
So hot die jüngscht luschtig gelacht
Un' gekichert „ich mag nit, ich mag kenn Mann,"
Un' hot deß als wiedder g'sacht.
Hot aber dabei gar g'schwind in der Luft
Die Händcher piffig gedreht,
Die annere habe' do dra' nit gedenkt,
Daß 's Trückla so gschwinder geht.
Und richtich die jüngscht is worre die erscht'
Un' hot ihr'n Mann dafor 'kriecht, —
Wann's wiedder emmol so e' Spielche' gäb'
Ihr Mädcher, so merkt euch die G'schicht'.

Fr. v. Kobell.

Der Rechtsstreit
des **Barthl Krarenhuber** contra **Kaspar Knollbäck**,
den Viehtrieb auf dem Säugraben betreffend.

1806.
Sühneversuch: Herr Hinzelmann als Rechtspraktikant hält unter
Präsenz des kgl. Landrichters den 1ten Termin ab.

1816.
Kaspar Knollbäck wird unter Verwerfung seiner prozeßhindernden
Einreden verurtheilt, sich auf den Streit einzulassen.
Herr Hinzelmann als Landgerichtsassessor verkündet das Erkenntniß.

1826.
Im Inzidentstreite wegen Herausgabe von Kaufbriefen wird dem
Barthl Krarenhuber der Editionseid aufgelegt. Herr Hinzelmann als
Rath des delegirten Stadtgerichts hält den Schwurtermin ab.

1836.

Herr Hinzelmann als Appellationsrath beantragt in Sessione, daß das in erster Instanz gefaßte Beweisinterlokut, als zu voreilig erlassen, wieder aufgehoben werde.

1846.

Gänzliche Erledigung des Rechtsstreites „Barthl Krarenhuber contra Kaspar Knollbäck, den Viehtrieb auf dem Sängraben betreffend."

1846.

Herr Hinzelmann als Oberappellationsrath wird während der Bearbeitung des Schlußreferates vom Schlage getroffen, und stirbt, ohne diesen und einige wenige andere Vorträge vollenden zu können.

Mangelbachers Nachlaß.

(Fortsetzung.)

Als er nach langen Jahren auf die Hochschule kam, so warf er sich demnach sogleich auf die praktische Philosophie. Er brachte seine gesammte Zeit in zwei Wirthshäusern zu, welche seine Kenntniß bezüglich des wahren Wesens des guten Bieres um ein Bedeutendes erweiterten. Aus dieser Zeit schreibt sich die Dithirambe her, welche sich mit allen Dithiramben der Welt messen darf, und hinreichend zeigt, welches eminente Talent Mangelbacher auch im Bereich der Poesie hatte. Unter dem Gedichte ist das Portrait des Dahingeschiedenen und das seiner Geliebten, von ihm selbst gezeichnet, ein Bild, welches des Stiftes eines Raphael nicht unwürdig wäre.

Ha naht Euch, wagt Euch her, Ihr Götter,
Ich frage zornbrausend: was wollt Ihr?
Ich habe sie erobert,
Mit flammenden Armen umwunden,
Gebunden, empfunden,
O Flammengebährende Herzenswunden,
Und der Glückseligkeit Stunden!
Verschwinde Erde, stürze ein Himmel,
Vernichte dich Boden, versinkt Ihr Bäume,
Verbrenne Gras, schweigt Ihr Winde;
Ich verachte die ganze Natur!
Evi ist mein! Wonne, Entzücken,
Ha wo find ich Worte?!
Hohn Euch Göttern!!!
Wer will es wagen?
Ich schlag ihn todt,
Ich selbst ein Gott!
Ha, ich fordere die ganze Welt,
Wo bin ich, wie wird mir —
Gebt mir Bier!!

Der Rechtsstreit (Band IV, Nr. 75, S. 22)

Bereits wenige Ausgaben später (Nr. 96) treffen wir den Staatshämorrhoidarius wieder – gestorben war ja nur sein Doppelgänger Hinzelmann – beim Kauf seines Landgutes (vgl. Faksimile S. 17–19). Dass Pocci von klischeehaften judenfeindlichen Verzerrungen nicht frei war, zeigt das affenähnliche Gesicht des Immobilienmaklers in dieser Geschichte.[36]

In der zweiten Hälfte des Jahres 1847 legt Pocci bei seiner Mitarbeit an den »Fliegenden Blättern« eine kleinere Pause ein. In Band V ist er mit keinen Beiträgen vertreten. Erst in Band VI, in Nr. 124 (S. 30), ist Pocci wieder mit zwei Karikaturen zum Thema »Studienfreiheit« präsent.[37] Und in Nr. 133 ist auch der Staatshämorrhoidarius wieder da; er träumt ganz zeitgemäß – in Bayern waren wegen der Lola-Montez-Affäre mehrmals die Minister ausgewechselt worden – von einem »Portefeuille«, von der Ministerwürde, was aber in einem »enttäuschenden Erwachen« unter Aktenbergen endet (vgl. Faksimile S. 25).[38]

Die nächste Folge des »Staatshämorrhoidarius« in den »Fliegenden Blättern« (Nr. 136) kommentiert ebenfalls ganz aktuell die geplanten Neuerungen einer Justizreform: »Auf dem Bureau tritt ihm sein College entgegen, Blätter mit der neuesten Nachricht in Händen: ›Mündlichkeit und Oeffentlichkeit.‹ – ›Ist es möglich? – die guten alten Gesetze sollen begraben werden? – Neuerungen und immer Neuerungen??‹« (vgl. Faksimile S. 19–21). Im Revolutionsjahr 1848 kam es in Bayern neben der Öffentlichkeit und Mündlichkeit der Verfahren auch zur Einführung der Schwurgerichte bei den Kreis- und Stadtgerichten sowie des Amts der Staatsanwälte.[39]

In der nächsten Folge (Nr. 155), in Band VII aus dem Jahr 1848[40], vertieft sich der Staatshämorrhoidarius gegen seine bisherigen Grundsätze in die Politik, stürzt sich als Freikorpskämpfer in einen Krawall, wird

---

36 Vgl. auch Anm. 40. – Eine physiognomische Judendarstellung findet sich in einem der Schattenbilder mit dem Titel »Seifenhändler« in Poccis Kinderbuch »Was du willst« (1854). »Dass diese Art von bildlicher Denunziation in einem populären Kinderbuch und Schattenspiel zu finden ist, zeigt exemplarisch, wie judenfeindliche Stereotype durch die Jahrhunderte hindurch vermittelt wurden: über die Kindererziehung.« Peter K. Klein, »Jud, dir kuckt der Spitzbub aus dem Gesicht!« Traditionen antisemitischer Bildstereotypen oder die Physiognomie des ›Juden‹ als Konstrukt, in: Helmut Gold und Georg Heuberger (Hrsg.), Abgestempelt. Judenfeindliche Postkarten (Katalog der Museumsstiftung Post und Telekommunikation, Band IV), Heidelberg 1999, S. 61 und Abb. 24. – Vgl. auch Poccis Darstellung des jüdischen Trödlers »Mauschl« [!] in einer Illustration zu seinem Märchendrama »Die Zaubergeige (Lustiges Komödienbüchlein, Band 3, München 1869).

37 Weitere Doppelkarikatur in Band VI [1847]: »Urväter und Nachkommen« (Nr. 142, S. 172).

38 In der Märchenkomödie »Das Eulenschloß« (1871) gelingt es dem Kasperl Larifari »ein Portefeuille zu tragen«. In dem Stück, das ursprünglich »Die Eulenburg oder Kasperl als Minister« heißen sollte, wird wie im »Staatshämorrhoidarius« die Unfähigkeit der hohen Beamten (u. a. ein Geheimrat Aktenmaier) ausgiebig verhöhnt. Als am Schluss der Kasperl seiner Grethli die Hochzeit verspricht, ruft er aus: »Jetzt hab ich das rechte Portefeuille erwischt. Das laß ich aber nimmer aus.« Und dazu braucht er auch keinen Beamten: »Nein! Nein! Dieses Ministerium kann ich allein vertreten.«

39 Auch in anderen Beiträgen in den »Fliegenden Blättern« wird die Bürokratie als virulent gegen die Neuerungen der Zeit gebrandmarkt; z.B. die Unterhaltung dreier Beamter in der Karikatur »Das festeste Bollwerk«: »Aber Herr Collega, in unserm Bureau hat man, Gott sei Dank, doch nichts bemerkt von diesen neumodischen Freiheitsideen! « – »Ueberhaupt, Herr Collega, ist es, Gott sei Dank, auf den Bureaux gerade noch so, wie es von jeher war. « – »Ja, Gott sei Dank, meine Herren, die Bureaux sind in der That das beste und festeste Bollwerk gegen die Neuzeit und ihre Ideen, und was man so gemeiniglich Freiheit und Fortschritt nennt!« (Band VII, Nr. 149, S. 33).

40 In Band VII ist Pocci nur noch ein weiteres Mal mit einer Karikatur vertreten (Nr. 147, S. 23). Unter der Überschrift »Ein Auswanderer« sieht man einen Juden – wieder deutlich stereotyp dargestellt – in Richtung einer Pagode gehen; die Bildunterschrift – mit Bezug auf die seit Mai 1848 tagende gesamtdeutsche Nationalversammlung in der Frankfurter Paulskirche – erschließt sich nicht ohne Weiteres: »Man hat mich nicht gewählt in's große Parlament, man hat nicht gewollt, daß ich beglücken helfe die Nu's, habe ich doch gesprochen wie Kung-Futse in der Tiantihui d. i. die himmlisch-irdische Versammlung!«.

von einem Stein am Kopf getroffen und findet sich nach dem Auskurieren der Gehirnerschütterung wieder an seinem Schreibtisch beim Aufarbeiten der liegengebliebenen Akten. Drei von den acht Bildern dieser Serie, die vom revolutionären Kampf des Beamten handeln, hat Pocci in der Buchausgabe von 1857 weggelassen, die übrigen mit anderem Text versehen (vgl. Faksimile S. 10–12). Das letzte Bild dieser Folge (vgl. Faksimile S. 10, rechts oben; dort ohne Text!) hat folgende aufschlussreiche Bildunterschrift: »Der Staatshämorrhoidarius erhält die Nachricht, dass er bei der Regierung in den Verdacht radicaler Gesinnungen gekommen sei; er fällt in Ohnmacht.« (Abb. S. 63/64)

Aus dieser Ohnmacht sollte der Staatshämorrhoidarius tatsächlich viele Jahre nicht mehr aufwachen. Pocci zog sich in den ersten Jahren unter dem neuen König Max II., dem er auch – wie schon König Ludwig I. – als Zeremonienmeister und Hofmusikintendant loyal diente, völlig von der Mitarbeit an den »Fliegenden Blättern« zurück.[41] Das unsichere Verhalten des Königs, der in seinen ersten Regierungsjahren aus Furcht vor einem erneuten Umsturz seine Beamten ständig auf ihre Gesinnung überprüfen ließ, machte wohl auch Pocci, der dem König noch aus seiner Kronprinzenzeit fast freundschaftlich verbunden war, vorsichtig.

Erst im Jahr 1852/1853 lässt Pocci den Staatshämorrhoidarius wieder in die »Fliegenden Blätter« zurückkehren (Band XVII, Nr. 390). Die »Begegnung auf der Straße«, bei der sich sechs Beamtenkollegen die Nachricht von der Rückkehr zuraunen (Abb. S. 65), fehlt in der Buchausgabe von 1857 ebenso wie das »Bruchstück aus der Rede des Vorsitzenden bei dem Festdiner«, das zu Ehren des langjährig Abwesenden gehalten wurde (Abb. S. 66/67). In dieser Rede wird auf das bisherige Schicksal des Staatshämorrhoidarius eingegangen, der viele Monate in Gefangenschaft gesessen war: zuerst unter den Demokraten der 48-er Bewegung, denen er zu »reaktionär« war (die dazugehörige Karikatur zeigt ihn zwischen zwei wilden Revolutionären); dann war er den Behörden, »nachdem sie ihre Autorität wieder errungen hatten«, zu »liberal«. Vier der sechs Holzstiche dieser Folge wurden in der Buchausgabe in anderem Zusammenhang verwendet (vgl. Faksimile S. 27 links unten, S. 30 links unten, S. 29 rechts oben und S. 23 rechts oben).

In der nächsten Folge (Nr. 392), »Im Bureau«, wird ein untergebener Mitarbeiter des Staatshämorrhoidarius vorgestellt: Herr Federmayer (vgl. Faksimile S. 26 links). Der Text unterscheidet sich jedoch erheblich von der Buchausgabe von 1857 (Abb. S. 68). Und das folgende Bild »Auf dem Heimweg zum Mittagessen«, das den Staatshämorrhoidarius vor einem für den Winter eingeschalteten Brunnen zeigt (»Schon wieder eine neue Erfindung!«), fehlt dort völlig (Abb. S. 69). Dagegen wurde »Der Staatshämorrhoidarius auf dem Bureau« (Nr. 401) sowohl in Bild und Wort identisch in die Buchausgabe übernommen (vgl. Faksimile S. 21–23).

Die Cholera, die im Sommer 1854 in München ausbricht, veranlasst Pocci zu einer weiteren aktuellen Folge in den »Fliegenden Blättern« (Band XX, Nr. 479). Ohne dass die Krankheit hier (im Gegen-

---

[41] Poccis letzte Beiträge für viele Jahre finden sich in Band VIII [1849]: »Ein Treibjagen anno 1851« mit elf Holzschnitten (Nr. 182, S. 108 – 109). Bei dieser Treibjagd nimmt auch der Staatshämorrhoidarius teil: »Auch Er [!] darf nicht fehlen und steht bereits seit zwei Stunden aufmerksam auf seinem Stande.« Am Schluss der Jagd sieht man den Staatshämorrhoidarius als »Jagdkönig« – mit einem abgeschossenen Eichkatzl (Abb. S. 78/79). Pocci karikiert hier erstaunlich vorausschauend die Zustände nach der Aufhebung des Jagdprivilegs für den Adel 1848, als danach sämtliches Wild nahezu restlos abgeschossen wurde, bis eine neue Jagdgesetzgebung dem Einhalt gebot. – Ebenfalls in diesem Band befindet sich die von Pocci signierte Karikatur »Auf dem Anstand« (Nr. 189, S. 164).

Aus Wien.

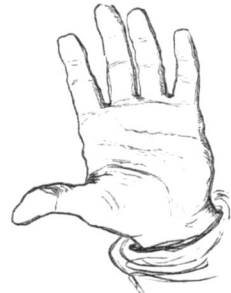

Taschentuch eines Gallizischen Abgeordneten aus dem Bauernstande.

Sentenz.

Das Alte stürzt, es ändert sich die Zeit
Und neues Leben blüht aus den Ruinen.   Schiller.

Der Staatshämorrhoidarius.

Der Staatshämorrhoidarius vertieft sich in die Politik.

Der Staatshämorrhoidarius läßt sich die Acten über den Kopf anwachsen, und wird ganz tiefsinnig.

Der Staatshämorrhoidarius vernachläßigt seine Acten und vertieft sich immer mehr und mehr in die Politik.

Hingerissen von den Zeitereignissen stürzt er sich als Wehrmann eines Freicorps in einen Krawall.

Der Staatshämorrhoidarius im Jahre 1848 (Band VII, Nr. 155, S. 86)

Ein Steinwurf an den Kopf. Er wird besinnungslos nach Hause getragen.

Reconvaleszenz und Aufarbeiten der Retardaten.

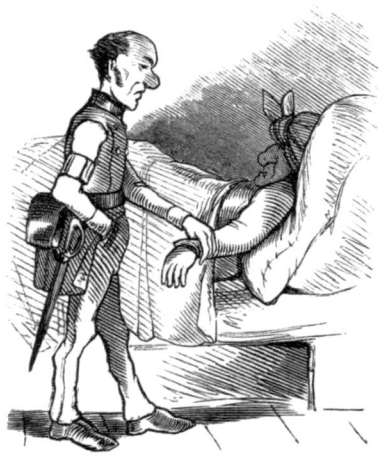

Der Arzt findet eine nicht unbedeutende commotio cerebri mit Congestionen.

Der Staatshämorrhoidarius erhält die Nachricht, daß er bei der Regierung in den Verdacht radicaler Gesinnungen gekommen sei; er fällt in Ohnmacht.

Der Staatshämorrhoidarius im Jahr 1848 (Band VII, Nr. 155, S. 87)

Allerneueste Soldatenlieder.

Das Vierzehnte.
Auweh! Auweh! ꝛc.

Dort steht ein schönes, hohes Haus,
Ein hübsches Mägdlein schaut heraus.
Allhier möcht ich verbleiben,
Die Zeit mir zu vertreiben!

Auweh, auweh! nun ist es aus,
Nun schaut ein altes Weib heraus!
Weiß Gott! es ist gescheidter
Wir ziehen wieder weiter!

Das Fünfzehnte.
Wenn Unsereiner ꝛc.

Wenn Unsereiner auf der Wacht,
In einemfort Gesichter macht,

   O weh! das ist kein rechter,
   O je! das ist ein schlechter,
   Kein ächter Soldat!

Wenn Unsereiner dann und wann
Kein frohes Lied vertragen kann,

   O weh! das ist kein rechter,
   O je! das ist ein schlechter,
   Kein ächter Soldat!

Wenn Unsereiner dann was wagt,
Wenn er sein armes Mädel schlagt,

   O weh! das ist kein rechter,
   O je! das ist ein schlechter,
   Kein ächter Soldat!

Doch Einer, der da immerfort
Das Herz behält am rechten Ort, —

   So Einer ist kein schlechter,
   Juhe! das ist ein rechter,
   Ein ächter Soldat!

Das Sechszehnte.
Im Walde.

Dort steht ein junger Tannenbaum,
Der schaut so trüb, so traurig drein,
Der hat sein Loos geseh'n im Traum, —
Er weiß, er wird geschlagen
In seinen schönsten Tagen —
Drum wird er traurig sein! —

Hab auch mein Loos im Traum geseh'n,
Muß dennoch haben frohen Muth!
Und ist's auch bald um mich gescheh'n,
Und werd' ich auch erschossen,
Eh noch ein Tag verflossen —
Wer todt ist, der hat's gut!

K. W. Neumann.

Der Staatshämorrhoidarius.

Begegnung auf der Straße.

„Wie? Herr Collega? und Sie sollten noch nicht wissen, daß Collega Staatshämorrhoidarius wieder hier ist?" —

„Ei, was sagen Sie?"

„Meine Herren, es bleibt uns nichts zu thun, als dessen Ankunft durch ein Festdiner zu feiern."

„Allerdings — das trockene Couvert zu einem Kronenthaler."

„Wo denken Sie hin, Herr Collega? bedenken Sie die Einkommensteuer! Ich meine 48 xr. ohne Wein wäre auch genug."

Der Staatshämorrhoidarius kehrt zurück (Band XVII, Nr. 390, S. 45)

46   Der Staatshämorrhoidarius.

Er ist wirklich wieder da!!

Mit welcher Seligkeit stürzt er sich auf die angehäuften Retardaten!

Bruchstück aus der Rede des Vorsitzenden bei dem Festdiner.

„Ja, meine Herren — und welche Schicksale hatte unser hochgeehrter Gefeierter während seiner mehrjährigen Abwesenheit zu erdulden! Kaum einer mehrmonatlichen Gefangenschaft entronnen, welche er als angeblich „reactionär" dem Wahnsinne der demokratischen Parthei zu danken hatte, unterlag er einer abermaligen Beraubung seiner persönlichen Freiheit, da er als zu „liberal" von den Behörden, nachdem sie ihre Autorität wieder errungen hatten, in mehrmonatliche Haft gebracht ward!! — Allein endlich siegte auch hier die Wahrheit — wie immer!"

„Mit der Wiedererlangung seiner persönlichen Freiheit fand auch die

Bruchstück aus der Rede des Vorsitzenden bei dem Festdiner (Band XVII, Nr. 390, S. 46/47)

Unentbehrlichkeit unseres so hochgefeierten Collegen und Ehrengastes allgemeine Anerkennung! Ja er ist und bleibt unentbehrlich, mögen auch (sich an den Gefeierten wendend) die Stürme der Zeit über Sie hingegangen sein, der unvergänglichste Lorbeer, mit dem ich Sie in diesem feierlichen Augenblicke im Namen und aus Auftrag sämmtlicher Anwesenden zu schmücken die Ehre habe, bleibt Ihnen! Er bleibt Ihnen unangetastet von der Mitwelt und Nachwelt! Sie leben hoch, hoch, hoch!" — — Allgemeiner Jubel, worauf noch zwölf Festreden gehalten werden, welche mit Vorlesung einer Abhandlung über die Gesinnungstüchtigkeit eines Staatsbeamten im engeren und weiteren Sinne des Wortes schließen. —

Papierschnitzeln.

Militär-Rapport. Ein Korporal schickte folgenden Passanten-Rapport auf die Hauptwache:

Zellerthorwache den 10. Mai 1852.

Um 3 Uhr 20 Minuten passirte durch das Zellerthor: ein auf dem Exerzierplatz abgefeuerter Rekrut mit seinem Korporal.

Um 4 Uhr 50 Minuten. Ein todter Artillerist mit Trompeten- und anderer Begleitung.

Um 6 Uhr 15 Minuten. Eine Abtheilung weißer und brauner Oestreicher unter Commando eines Herrn Offiziers.

Und endlich um 7 Uhr 20 Minuten. Ein Mann von Genie als Arrestant unter gehöriger Begleitung.

Jenner Corporal, Wachtcommandant.

Fischkunst. Will man einmal recht viele und große Forellen aus seinem Fischwasser gewinnen, so schleicht man dem berüchtigsten Fischdiebe der Gegend nach, wenn er dahin zu stehlen geht. Sobald er aber zu fischen aufhört und sich heimwärts zu wenden scheint, wirft man einen schweren Stein in den Bach; der Dieb meint, es wäre eine sechspfündige Forelle aus dem Wasser emporgeschnellt, kehrt vor Begierde darnach wieder um, setzt sein Lägel voll gestohlener Fische unter einen dichten Erlenbusch, und senkt die Angel von Neuem in die Tiefe. Während nun der Dieb dem Phantome nachangelt, ergreift man behutsam das versteckte Lägel und rennt damit auf und davon.

Berichtigung. „Da sagt man immer, daß d' Post heut zu Tag so höflich und g'fällig wär. Den Guckuck find's! — Leg' ich am 5. den Brief da auf d' Post:

und jetzt krieg ich ihn z'ruck mit der ganzen Salb'n, die 's unten dran g'schmiert haben. Das ist hernach b' G'fälligkeit! — Eigensinn ist es! — Hättens gleich das eine Stricherl weg und die zwei rechten Stricherln dran gemacht, braucht ich jetzt nicht zum dritten Mal s' Porto zu zahlen!"

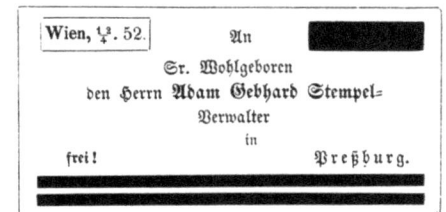

Der splendide Lord. (Nachdem der Hausknecht eingespannt hat, setzt sich der Lord in seinen Reisewagen und will abfahren, allein der Hausknecht, welcher noch die Zügel der vier Pferde hält, wartet in devotester Stellung auf sein Trinkgeld.)

Hausknecht. „Erlaub'ns 'r Gnob'n! i bat holt um mei Trinkgeld bitt'n."

Lord. „Ik nir deutsch versteh."

Hausknecht. „Des geht mi nir oh, ob Si 's voftenge oder nit, — i gib a mol 's Leitfeil nit aus der Hand, bis i mei Trinkgeld hab."

(Dies schien nunmehr der edle Lord doch verstanden zu haben, denn er zog seine Börse, suchte lange darin und gab endlich dem Hausknecht einen — Pfennig.)

Hausknecht. „Erlaub'ns, vozeigns! gehört des ganz mei, oder muaß i Ihnen no wos rausgeb'n?"

60. Er weiß schon den rechten Fleck.

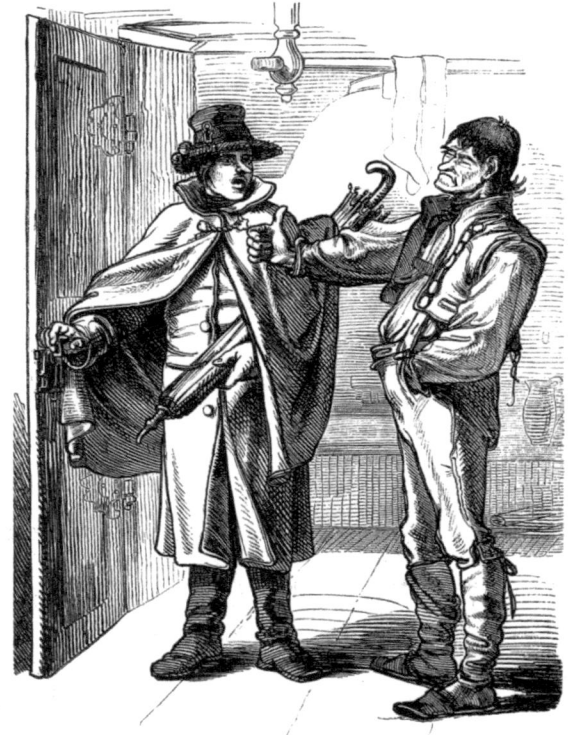

Bauer. „Du muaßt hübsch die Wahrheit sag'n, wenn'st dem Advokat'n unsern Prozeß erzählst — der Advokat wird schon a Lüge hinsetz'n, wo eine hinghört."

Der Staatshämorrhoidarius.

Im Bureau.

„Aber Herr Federmayer! habe ich Ihnen nicht schon einmal diese moderne Schreibart untersagt? Da haben Sie mir wieder statt o e das o mit zwei Stricherln geschrieben, und das Doppel m ganz bequem einfach mit einem Querstrich darauf! Nehmen Sie sich in Acht, junger Mann! Auf diesem Bureau hier werden dergleichen Ungebührlichkeiten nicht gestattet. Es sind nur Ausgeburten einer gewissen Zügellosigkeit respective Bequemlichkeit der Neuzeit. Wissen Sie nicht, daß Sie nur Functionär sind und ich Sie zu jeder Stunde entlassen kann? Und — was habe ich noch von Ihnen hören müssen? Sie erlauben sich sogar, einen Hund zu besitzen? Ferner eine Kopfbedeckung, respective einen Hut, dessen Form a priori schon mit den Staatsgesetzen und polizeilichen Verordnungen im Wider=

Der Staatshämorrhoidarius.

spruche ist? — Wo soll das hinaus mit Ihnen, junger Mann? — Ich erwarte, daß Sie Ihr Benehmen ändern, sonst wird es mit der Functionsbezugs=Aufbesserung von monatlich 1 fl. 30 xr. schlecht aussehen. Haben Sie mich nun verstanden, junger Mann, Sie? — Mein Bericht an die Allerhöchste Stelle, Abschaffung des höchst nachtheiligen Institutes der Schwurgerichte betreffend, ist auch noch nicht mundirt worden. Langt Ihnen das Papier? Sie werden wohl gegen vierzig Bogen brauchen. Das Duplikat nicht zu vergessen!"

Im Bureau (Band XXVII, Nr. 392, S. 60)

Auf dem Heimweg zum Mittagessen.

„Schon wieder eine neue Erfindung!"

(Band XVII, Nr. 392, S. 61)

satz zur Buchausgabe) namentlich genannt ist, wusste der zeitgenössische Leser aus unmittelbarer Erfahrung, von was die Rede war. Der besorgte Staatshämorrhoidarius – eingedenk seiner »Verpflichtung, mich als Staatsdiener dem Staate zu erhalten« – nimmt Urlaub und reist aufs Land; als auch dort ein Cholera-Fall vorkommt, zieht er an einen anderen Ort weiter und sucht dort um Urlaubsverlängerung nach (die Karikaturen sind in der Buchausgabe anders angeordnet, vgl. Faksimile S. 26 rechte Spalte, S. 30 links oben, S. 29 rechts unten, S. 27 links oben). In der Fortsetzung in der nächsten Ausgabe (Nr. 480) wiederholt sich dieses Spiel mit denselben Bildern und Texten. Die weitere Fortsetzung (bereits Band XXI, Nr. 484) zeigt den Staatshämorrhoidarius bereits am nächsten ländlichen Ort (vgl. Faksimile S. 27–29).

Zwei Jahre später scheint Pocci mit der Folge »Der Staatshämorrhoidarius – Festzug und Festrede bei Enthüllung seines Standbildes« (Band XXIV, Nr. 570) einen würdigen Abschluss für seine Serie gefunden zu haben (mit der auch die Buchausgabe endet; vgl. Faksimile S. 34–36). Doch als die Redakteure Kaspar Braun und Friedrich Schneider nach ihrer Verurteilung im Juli 1856 (s.o.) eine Protestnummer in türkischer Aufmachung herausgeben (Nr. 574; Abb. S. 52), beteiligt sich auch Pocci solidarisch: »In Erwägung, dass die Fliegenden Blätter ihren Wohnsitz in der Türkei aufgeschlagen, beschließt der Staatshämorrhoidarius, ihnen zu folgen, weshalb er vorläufig seinen Staatsdienerhut mit dem Turban vertauscht, und wirklich seinen Auszug antritt« (vgl. Faksimile S. 30–31). Der Schluss der Geschichte folgte in der nächsten Protestnummer (Nr. 575; vgl. Faksimile S. 32–34).[42]

Für die Buchausgabe von 1857 (s.u.) fehlte jetzt nur noch, wie der Staatshämorrhoidarius wirklich das Licht der Welt erblickt hatte. So beginnen zwei weitere Folgen aus dem Jahr 1856 (Band XXV, Nr. 591 und 592) mit den Worten: »Durch einen glücklichen Zufall sind wir in den Besitz von Notizen gelangt, welche uns in den Stand setzen, den verehrlichen Lesern über Herkunft, Jugendleben und erste Anstellung des Staatshämorrhoidarius Aufschlüsse mittheilen zu können« (vgl. Faksimile S. 5–7).

Nach der Buchausgabe von 1857 veröffentlichte Pocci in großen Abständen noch vier weitere Folgen des »Staatshämorrhoidarius«.

---

[42] Drei Jahre später lässt Pocci auch seinen Kasperl in die Türkei reisen; vgl. »Casperl in der Türkei« in: Lustiges Komödienbüchlein [Erster Band], München 1859.

(Band XXVIII, Nr. 657, S. 38)

(Band XXXI, Nr. 740, S. 77)

In der Nr. 657 (Band XXVIII aus dem Jahr 1858) stecken der Staatshämorrhoidarius und zwei weitere Beamte die Köpfe zusammen: »Gottlob! Die Tage der Angst sind vorüber, der fluchwürdige Ruhestörer ist fort – gratulirn wir uns, geehrte Herren Collegen – nun kann man wieder ohne Besorgnis auf sein Büreau gehen!« Die Karikatur scheint nicht auf ein bestimmtes Ereignis anzuspielen; die Störung der geliebten Ruhe des Beamten hat etwas Zeitloses (Abb. S. 70 oben).

Für sich selber spricht die nächste Folge »Der Staatshämorrhoidarius im Hofbräuhause in München« mit dem Zitat aus Goethes »Faust«: »Hier bin ich Mensch, hier darf ich's sein.« (Band XXXI, Nr. 740 aus dem Jahr 1859) (Abb. S. 70 unten).

Die nächste Folge in der Nr. 826 aus dem Jahr 1861 (Band XXXIV) spielt wieder auf aktuelle Bezüge an. Erst in diesem Jahr wurden einige bereits 1848 versprochene Justizreformgesetze verabschiedet, so die Einführung eines neuen bayerischen Strafgesetzbuches oder die Trennung von Justiz und Verwaltung auf unterer Ebene. Der Staatshämorrhoidarius, schon im-

„Dergleichen Nova noch in meinen alten Tagen!!"

(Band XXXIV, Nr. 826, S. 143)

mer allem Neuen misstrauisch gegenüber eingestellt, steht im Schlafrock vor all den gewaltigen Gesetzbüchern und staunt: »Dergleichen Nova noch in meinen alten Tagen!!«

Zum letzten Mal taucht der Staatshämorrhoidarius in Nr. 916 der »Fliegenden Blätter« auf (Band XXXVIII aus dem Jahr 1863). In einem Schreiben »an den Titl. Herrn Vorstand der deutschen Schwimmergenossenschaft« vom Januar 1863 kündigt er seinen eventuellen Beitritt an. Die letzten Bilder zeigen ihn bei diversen Schwimmversuchen und dann als neues Mitglied »im Vereinskostüme« (Abb. S. 72/73).

Neben dem »Staatshämorrhoidarius« verfasste Pocci in diesen Jahren nur wenige weitere Beiträge für die »Fliegenden Blätter«.[43] Poccis letzter Beitrag, das Gedicht »Der Bayer im Krieg«[44], datiert aus dem Jahr 1870, als Bayern auf preußischer Seite am Krieg gegen Frankreich teilnahm.

---

[43] Band XXIX [1858], Nr. 704, S. 200: Holzschnitt »Obschon – doch Wahlmann«. – Band XXX [1859], Nr. 726, S. 173: Holzschnitt »Culturhistorische Betrachtung«. – Band XXXII [1860], Nr. 760, S. 29: Gedicht »St. Petrus und die Landsknechte«; die Zeichnung dazu stammt nicht von Pocci.

[44] Band LIII [1870], Nr. 1324, S. 172.

Der Weg zum Himmel.

Abends waren sie betrunken
Im Geweg' und Lärm der Schlacht
In die Gräben hingesunken,
Und verschliefen dort zur Nacht
Ihren Rausch, bis sie erwachten
Als der Schlacht leben'ge Reste —
Die erstaunten Türken brachten
Die Gefang'nen in die Veste.

Reichten ihnen Trank und Speise,
Säuberten ihr strupp'ges Haar,
Wuschen sie nach Türkenweise —
Also ward die ganze Schaar
In Silistria allmälig
Reingewaschen und geschoren —
Und die Russen waren selig,
Fühlten sich wie neugeboren.

Denn das Wort ging in Erfüllung,
Das ihr Führer prophezeit:
Aus der schmutzigen Umhüllung
Seh'n sie plötzlich sich befreit.
In dem Glanz der reinen Glieder
Nach dem blutigen Schlachtgewimmel
Kannten sie sich selbst kaum wieder,
Und sie glaubten sich im Himmel.

Der Staatshämorrhoidarius an den Titl. Herrn Vorstand der deutschen Schwimmergenossenschaft ꝛc. ꝛc.

Eventuelle Beitrittsanmeldung betr.

Die Gründung der ꝛc. Genossenschaft hat mich insoferne auf das Angenehmste berührt, als mir dadurch Gelegenheit geboten, ohne Alterirung meiner relativen Verpflichtung und Grundsätze als k. Staatsdiener bei Ew. Wohlgeboren die unzielsetzlichste Anfrage zu stellen, ob meinem Beitritte zu diesem Vereine beziehungsweise Nichts im Wege stehen dürfte. Ich glaube nemlich mich nicht zu irren, daß dem Artikel 1 Absatz I. des Vereinsgesetzes von 1850 nicht entgegen, die Vereinigung jedenfalls „friedlich und ohne Waffen" sei, so daß der Beitritt eines Staatsangehörigen nicht gesetzwidrig ist; eben so daß Ew. Wohlgeboren bereits nicht ermangelt haben, der vorschriftsmäßigen Anzeige bei der Polizeibehörde nach Artikel 12 und 14 des II. Abschnittes Genüge zu leisten. Selbstverständlich sind und bleiben Frauenzimmer nach Artikel 15 in jeder Hinsicht ausgeschlossen.

Ew. Wohlgeboren ersuche ich diese meine Erklärung lediglich zur Zeit noch als eventuell betrachten und mir baldmöglichst gefälligst die Statuten der Genossenschaft mittheilen zu wollen, damit ich nach Maßgabe meine definitive Eintrittserklärung anmelden könne. Ich habe mittlerweile meine theoretischen Schwimmübungen im Zimmer begonnen, um im Verlauf des Winters mich vorbereitend mit nächstem Frühjahre, insoferne die Temperatur es gestatten dürfte, mich an den Versammlungen praktisch betheiligen zu können, was ohne Zweifel auch auf meine Gesundheit von vortheilhaftestem Einflusse sein wird.

Im Januar ꝛc. 1863.

Mit ausgezeichneter Hochachtung ꝛc. ꝛc.

Ihr ergebenster
A.

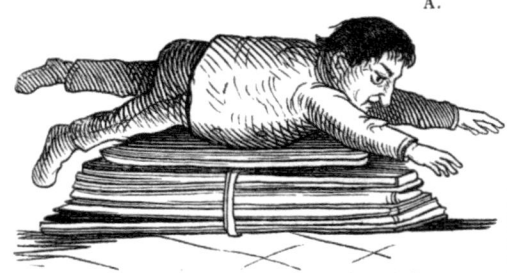

Uebung in den Schwimmbewegungen mit Actenstoßunterlage.

Tauchen.

Wassertreten.

30   Der Staatshämorrhoidarius ꝛc.

Rettungsversuche. Z. B. Rettung eines Kindes aus den Wellen, wobei ein Actenfascikel als Rettungsgegenstand verwendet wird.

Erster Besuch beim Schwimmgenossenschafts-Vorstande im Vereinskostüme.

Aufnahme in die Genossenschaft. Festmahl des Comités zu Ehren des neuen Mitgliedes.

Rebus.

Auflösung in nächster Nro.

Noch ein Oelblatt für's Volk.

O Krieg, welche Schmach, welch' Graus,
Hat er einen Grund zu sein?
Die Vorwelt graben wir aus,
Die Mitwelt graben wir ein!

An jene, die es angeht.

Was grollet Ihr, verstockte Sünder,
Ist Euer Landesvater nicht gar liebevoll und brav!
Er geht ja mit Euch um, als wär't Ihr Wickelkinder,
Er zieht Euch aus, und sorgt, daß Niemand störe
 Euren Schlaf.

Apotheose der Dummheit.

Merk' Dir das Eine: hab' nicht Geist und nicht Verstand,
Willst Du für einen Menschen gelten, Bruder;
Denn fehlt's Dir dran, wirst Du „ein dummer Mensch" genannt,
Hast Du zu viel davon, „ein g'scheidtes Luder."

Die Buchausgabe von 1857

Im Jahr 1857 erschien »Der Staatshämorrhoidarius« als broschierter Band im Verlag von Braun & Schneider. Die Buchausgabe nennt Pocci nicht namentlich als Autor und begnügt sich mit den Anfangsbuchstaben F. P. Die ganzseitige theoretisch-ironische Einleitung hat Pocci für die Buchausgabe neu geschrieben. Die Bilderfolgen sind hier anders angeordnet als in den »Fliegenden Blättern«, wie auch in der Buchausgabe jeder Hinweis auf den bisherigen Erscheinungsort fehlt. Der Werdegang des Staatsdieners verläuft nun chronologisch von der Geburt bis zur Denkmalserhöhung. Die ursprüngliche Folge war – wie wir gesehen haben – sprunghafter, auch spontaner und mit vielen Anspielungen aufs Tagesgeschehen, die dann später unverständlich oder uninteressant für den Erzählablauf waren. Damit sind auch einige Bilder weggelassen worden. Insgesamt enthält die Buchausgabe 123 Holzschnitte, der »Traum im juristischen Himmel« (S. 24) kam neu hinzu. Ein Kennzeichen der Erstausgabe von 1857 ist auf der vierten Umschlagseite die Figur des Staatshämorrhoidarius mit Zylinder und Stock in Rückansicht (wie S. 7 oben links). Die zweite Auflage von 1860 (mit festem Pappeinband) zeigt dort die Figur des Staatshämorrhoidarius in Profil mit Zeitung unter dem Arm (wie S. 7 oben rechts).

Die Buchausgabe wurde – bis zur vorliegenden Werkausgabe vom März 2007 – dreimal vollständig nachgedruckt.[45] Der angebliche »Faksimile-Neudruck der im Jahre 1857 in München erschienenen Originalausgabe« im Leipziger Wilhelm Heims Verlag aus dem Jahr 1927 stellt sich beim Blick auf die vierte Umschlagseite tatsächlich als Nachdruck der Ausgabe von 1860 heraus. Der Ausgabe von 1857 am nächsten – auch in der bibliophilen Aufmachung – kam bislang nur der Neudruck im Münchner Verlag von Theodor Ackermann aus dem Jahr 1975. Der »Faksimile-Nachdruck« in der Reihe »Die bibliophilen Taschenbücher« im Dortmunder Harenberg Verlag ist dagegen eine verkleinerte Taschenbuchausgabe, bei der nur die Bilder faksimiliert wurden, aber – wegen der Taschenbuchgröße – nicht seitengenau wiedergegeben werden konnten; zudem ist der Text neu gesetzt aus der Walbaum Antiqua, was den Gesamteindruck ziemlich beeinträchtigt.

Der »Staatshämorrhoidarius« wird zum geflügelten Wort

Bereits nach den ersten elf Folgen, die in den Jahren 1845 bis 1848 in den »Fliegenden Blättern« erschienen sind, erfreute sich Poccis Erfindung des »Staatshämorrhoidarius« großer Popularität. Das ging so weit, dass bald der Begriff »Staatshämorrhoidarius« als Synonym für »den« Beamten verwendet wurde – und jeder wusste, was gemeint war.

Das früheste schriftliche Zeugnis der Rezeption des Wortes enthält das 1851 erschienene Buch »Die bürgerliche Gesellschaft« des Journalisten und Kulturhistorikers Wilhelm Heinrich Riehl (1823–1897). Riehl übt darin an verschiedenen Stellen immer wieder heftige Kritik an den Beamten und widmet ihnen im Abschnitt über das »Bürgertum« ein eigenes Kapitel (»Die unechten Stände«).[46] Der Begriff

---

[45] Vgl. Bibliographie S. 85.
[46] Hier zitiert nach der von Peter Steinbach herausgegebenen und eingeleiteten Ausgabe (Ullstein Buch Nr. 3270), Frankfurt am Main 1976, S. 176ff. – Steinbach weist auf den biographischen Zusammenhang mit dem Selbstmord von Riehls Vater im Jahr 1839 hin, »der sich als Opfer der ›Bureaukratie‹ empfand und vielleicht seinem Sohn die fast übliche konservativ-ständi-

»Staatshämorrhoidarius« fällt bei Riehl jedoch nicht dort, sondern einmal in dem Abschnitt »Der vierte Stand«: »Als ein erkünstelter Stand schob sich das Beamtentum zersprengend und auflösend in die natürlichen Stände. (...) Absolute Freizügigkeit, schrankenlose Gewerbefreiheit, Patentmeisterschaft waren die Zaubermittel, durch welche die Bürokratie den öffentlichen Wohlstand erhöhen wollte. Und als nun plötzlich ganze Scharen von Proletariern den deutschen Staatshämorrhoidarius in gar entsetzliche Verlegenheit setzten, konnte er gar nicht begreifen, wo diese Leute mit einemmal herkämen, da er doch selber die Brütofen gebaut hatte, um so viel hunderttausend Küchlein des vierten Standes höchst kunstreich auszubrüten.«[47]

Riehl arbeitete bei Erscheinen seines Buches als Redakteur der »Allgemeinen Zeitung« in Augsburg, wo wohl Poccis beamtensatirische Bilderfolge in den »Fliegenden Blättern« seine Aufmerksamkeit erregt haben muss. 1854 holte ihn König Max II. an den Münchner Hof als »Oberredakteur für Preßangelegenheiten des kgl. Hauses und des Äußeren«; er erhielt eine Honorarprofessur an der staatswirtschaftlichen Fakultät, die 1859 zu einer ordentlichen Professur für Kulturgeschichte und Statistik wurde. Pocci und Riehl lernten sich bei den regelmäßigen Tafelrunden des Königs, bei denen er einheimische und zugereiste Dichter und Gelehrte um sich versammelte, persönlich kennen. So ist es nicht weiter verwunderlich, dass sich Pocci in der Einleitung zu seiner Buchausgabe des »Staatshämorrhoidarius« von 1857 wiederum auf Riehl, »den geistreichen, scharfsinnigen Beobachter socialer Zustände«, berief und so sein Anliegen auch wissenschaftlich legitimiert sah.

Ein weiteres frühes Beispiel für die Verwendung des Wortes »Staatshämorrhoidarius« findet sich im Tagebuch des Arztes Dr. Jacob Papon. Als Papon sich 1857 als Kurgast in Tarasp im schweizerischen Unterengadin aufhielt, notierte er in seinem Tagebuch, was für Leuten er dort begegnete: »Auf den rings um die Promenaden angebrachten Bänken sitzen truppenweise Bewohner ferner und naher deutscher und italienischer Gegenden. Hier der federngeschmückte Spitzhut des Deutschen, dort der breitkrempige flache Hut des Welschen. Unter den übrigen Kurgästen fiel mir besonders auch die große Anzahl höchst korpulenter Personen auf. Sie sollen, wie ich vernahm, hier selten vergeblich Abhülfe von den Beschwerden der Dickleibigkeit suchen. Wohlgenährte alte Herren mit dunkelroten Weingesichtern und rubinbesetzten Nasen suchen hier, wie der gläubige Hindu in den Fluten des Ganges, büßend in dem sonst verachteten Tranke die äußeren Merkmale ihrer Sünden abzuwaschen. Neben diesen an solchen Orten mehr tragikomischen Erscheinungen Leidende aller Art und Stände. Der elegante Fabrikherr mit galligem Teint und Glacéhandschuhen, Freund Staatshämorrhoidarius, neben ihm der stämmige Bündner Bauer, tyrolische Klostergeistliche, der regsame lombardische

---

sche Abneigung gegen die ›nivellierende Bürokratie‹ einpflanzen konnte« (Einleitung, S. 10). – Zu der zeittypisch negativen Bewertung der Bürokratie nicht nur von konservativer Seite vgl. Bernd Wunder, Geschichte der Bürokratie in Deutschland, Frankfurt am Main 1986; S. 8: »Bürokratie wurde in Deutschland besonders seit 1830/40 zu einem Schlagwort und zu einem zentralen Kampfbegriff des Liberalismus in seiner Auseinandersetzung mit den herrschenden Gewalten, ja Bürokratie – und nicht Monarchie – wurde zum Gegenbegriff von Volksfreiheit, von Selbstverwaltung, letztlich von Demokratie. Amtsmissbrauch, Polizeistaat, aber auch Vielregiererei und Formalismus wurden in Reden und Artikeln immer in einen Zusammenhang mit Zentralismus und Beamtenschaft gestellt.«

[47] Ebd., S. 215/216.

Kaufmann, eine starke Vertretung des schönen Geschlechts in rauschendem Seidenkleid wie in der anspruchslosen Tracht der Unterengadinerin. All dies trabt und trippelt hier durcheinander und unterhält sich in den verschiedenen Sprachen.«[48]

Sehr früh taucht der »Staatshämorrhoidarius« bereits bei Franz von Kobell (1803–1882) auf, einem Freund Poccis und Mitarbeiter bei den »Fliegenden Blättern« seit 1847. Kobell war Professor für Mineralogie an der Universität München, aber auch Mundartdichter. Zu Kobells 1841 erschienenem Band »Gedichte in hochdeutscher, oberbayerischer und pfälzischer Mundart« gestaltete Pocci die Titelvignette.[49] Zu Kobells Themen gehörte auch die Jagd.[50] In dem 1859 erschienenen Buch »Wildanger« heißt es: »Eine Hand, die nur gewohnt ist, einen Federkiel zu regieren, erschrickt freilich vor der gewichtigen Axt eines Holzknechts und ein Staatshämorrhoidarius wird niemals eine Gemsjagd begreifen.«[51]

Auch in einem der vielen überlieferten Aussprüche von Theodor Fontane (1819–1898) taucht Poccis erfundene Gestalt in passender Gesellschaft wieder auf: »Alle Welt hält ›dichten‹ für langweilige Quatscherei und mehr oder weniger ungehörige Beschäftigung, die man nur Kindern und Imbeciles verzeiht, und doch verlangt jeder Bourgois, Philister und Staatshämorrhoidarius seinen Vers, wenn's ihm gerade paßt.«

Selbst in den »Fliegenden Blättern« verwendete man den Begriff, auch ohne Poccis Zeichnungen, so in dem Gedicht »Staatshämorrhoidarius's Kameraden« aus dem Jahr 1862 (Band XXXVII, Nr. 892, S. 47).

Wie man sieht, war der »Staatshämorrhoidarius« sehr schnell zum geflügelten Wort geworden. Als der Berliner Lehrer Georg Büchmann (1822–1884) im Jahr 1864 zu ersten Mal seine berühmt gewordenen »Geflügelten Worte« veröffentlichte, fehlte Poccis Schöpfung jedoch noch. Erst in der 18. Auflage von 1895 heißt es dann:»Den Staatshämorrhoidarius schrieb Graf Franz Pocci (1807–1876) in München für die 1845 entstandenen ›Fliegenden Blätter‹.«[52]

In den gegenwärtigen Auflagen des »Büchmann« findet man den »Staatshämorrhoidarius« nicht mehr, irgendwann war dieses zungenbrecherische Wort nicht mehr geläufig. Vielleicht hängt das auch mit dem völligen Wandel zusammen, den der Begriff Bürokratie erfahren hatte: »Der kompromisslosen Verdammung im Vormärz war die kritiklose Bewunderung in der Vorkriegszeit gefolgt. (...) Das ehemalige Schimpfwort war zum neutralen, wissenschaftlichen Terminus technicus avanciert.

---

[48] Zitiert nach: Edith Kresta, Statt Belle Epoque Familienfreizeit, in: die tageszeitung vom 10. September 2005.
[49] Vgl. Pocci-Verzeichnis (wie Anm. 28), Nr. 132.
[50] Zusammen mit Pocci hat er 1843 »Alte und neue Jäger-Lieder« herausgegeben; vgl. Pocci-Verzeichnis (wie Anm. 28), Nr. 162.
[51] Franz von Kobell, Wildanger. Skizzen aus dem Gebiet der Jagd und ihrer Geschichte mit besonderer Rücksicht auf Bayern, Stuttgart 1859, Kapitel »Die Gemsjagd«. – Vgl. Abb. S. 78/79.
[52] Geflügelte Worte. Der Citatenschatz des deutschen Volkes, gesammelt und erläutert von Georg Büchmann, fortgesetzt von Walter Robert-tornow, 18. Auflage Berlin 1895, S. 211. – In der 19. Auflage von 1898 (S. 276) lautet der entsprechende Eintrag: »Den Staatshämorrhoidarius erfand Graf Franz Pocci (1807–1876) für die Münchener ›Fliegenden Blätter‹. Der ›Staatshämorrhoidarius‹ Poccis gelangte in dieser Zeitschrift zum Abdruck in elf Nummern aus den Jahren 1844–1847.« Die ersten elf Beiträge Poccis stammen aber aus den Jahren 1845 bis 1848; die Folgen in den Nummern der Jahre 1853 bis 1863 bzw. die Buchausgabe von 1857 werden nicht erwähnt.

(…) Heute wird unter Bürokratiekritik nicht mehr Kritik an einer Staatsform, sondern an einer Organisationsform verstanden oder Kritik am Verhalten von Personen, die in dieser Organisation tätig sind, d. h. an den Bürokraten.«[53] Dieser nicht verstummen wollenden Beamtenkritik wird heute mit Maßnahmen wie »Modernisierung der Staatsverwaltung« und »Bürokratieabbau« begegnet, und wenn dabei immer noch viel von »stärkerer Leistungsorientierung, Flexibilisierung und Deregulierung« die Rede ist, scheint da oder dort doch noch ein »Staatshämorrhoidarius« in seinem »Bureau« zu sitzen.[54]

---

[53] Wunder (wie Anm. 46), S. 10/11.
[54] Alle Zitate stammen aus dem »Grußwort zum Jahreswechsel 2006/2007 von Finanzminister Prof. Dr. Kurt Faltlhauser und Finanzstaatssekretär Franz Meyer« in: Amtsblatt des Bayerischen Staatsministeriums der Finanzen, Nr. 12 vom 29. Dezember 2006, S. 213/214.

108   Ein Proletarier.

Seit jenem Vorfalle mochten wohl 12 bis 14 Jahre vergangen sein; mein Sohn hatte sich in Amerika vortheilhaft angekauft, sein Etablissement hatte den besten Fortgang, und versprach in kurzem den blühendsten Zustand! Da riefen ihn Geschäfte nach Deutschland, und so brachte er wieder einige Wochen bei mir zu. Am Abend vor seiner Abreise hatten ihm seine Freunde einen Abschiedsschmauß gegeben, und er ging etwas aufgeregt, und schon ziemlich spät nach Hause. Als er in die Straße einbog, in der meine Wohnung liegt, begegnete ihm ein Mann, keuchend unter der Last mehrerer Holzscheite. Der hat das Holz gestohlen, das darfst du nicht dulden, dachte mein Brausekopf, und so schrie er den Fremden an: „Holla, wohin mit dem Holze?" und ging auf ihn zu; dieser stand einige Augenblicke unschlüssig, dann warf er schnell das Holz auf den Boden, und wollte entspringen, fiel aber einer eben um die Ecke kommenden Patrouille in die Hände, die den Verdächtigen festhielt.

(Fortsetzung folgt.)

Ein Treibjagen anno 1851.

Der herrschaftliche Revierjäger Martlhuber spürt eines Abends im Jahre 1851 Wild und sucht sich anzupirschen.

Sogleich macht er die Anzeige bei seinem Herrn, dem Baron von Schnepfenthal.

Ein Treibjagen anno 1851.

Mittlerweile hat sich das Wild auf einen Zaun gesetzt,

worüber sich die Herren Oekonomen Staatsbürger des Dorfes, möglichen Wildschadens wegen, beschweren.

Es wird deshalb ein großes Treibjagen veranstaltet. Die Jagdgäste: Der Herr Graf, Gutsnachbar, der Herr Rentbeamte.

Ein Treibjagen anno 1851.

Der Herr Oberschreiber und der Rechtspraktikant.

Der Herr Benefiziat und der Herr Rittmeister,

Auch Er darf nicht fehlen und steht bereits seit zwei Stunden aufmerksam auf seinem Stande.

Der Herr Landrichter mit seinem Herrn Sohne hat sich verspätet und wird von einem Treiberbuben nachgeführt.

Bräumeister und andere Jagdgäste.

Schluß der Jagd. Der Jagdkönig.

Worterklärungen und Erläuterungen

3 *Professor Riehl:* Wilhelm Heinrich Riehl (1823–1897) war Journalist, Schriftsteller und Kulturhistoriker. 1854 holte ihn der bayerische König Maximilian II. nach München, wo er eine Honorarprofessur an der staatswirtschaftlichen Fakultät erhielt, die 1859 zu einer ordentlichen Professur für Kulturgeschichte und Statistik umgewandelt wurde. Mit der von ihm in vier Bänden herausgegebenen »Bavaria. Landes- und Volkskunde des Königreichs Bayern« (1860 bis 1866) gehört er zu den Begründern der wissenschaftlichen Volkskunde. 1883 wurde Riehl geadelt und durfte sich von nun an »von Riehl« nennen.

in seinen schönen Büchern: Mit dem 1851 zum ersten Mal erschienenen Werk »Die bürgerliche Gesellschaft« wurde Wilhelm Heinrich Riehl sehr populär. Seine soziologische Untersuchung über die Stände der deutschen Gesellschaft besteht aus zwei Büchern: Das erste Buch (»Die Mächte des Beharrens«) behandelt die Bauern und die Aristokratie, das zweite (»Die Mächte der Bewegung«) das Bürgertum und den vierten Stand, das Proletariat. Im Abschnitt über das Bürgertum ist ein eigenes Kapitel den »unechten Ständen« gewidmet, zu denen Riehl die Beamten und die Bürokratie zählt, die er an einer Stelle bereits als »deutschen Staatshämorrhoidarius« bezeichnet.

Hämorrhoiden: aus krankhaft erweiterten Mastdarmvenen gebildete Knoten

Subsumtionen: Unterstellungen

Abstractionen: Verallgemeinerungen

pro concreto: im vorliegenden Fall

5 *landgerichtliche Praxis:* Die Landgerichte in Bayern waren seit 1802 Verwaltungsbehörden und Gerichte der Unterstufe mit der Zuständigkeit für die höhere und niedere Gerichtsbarkeit der ersten Instanz (so genannte »Landgerichte älterer Ordnung«). Erst 1862 kommt es – als späte Einlösung der Forderungen von 1848 – zur Trennung von Justiz und Verwaltung auch auf unterer Ebene durch die Bildung von Bezirksämtern (seit 1939 Landratsämter), von Landgerichten (»mittlerer Ordnung«) bzw. Stadtgerichten sowie von selbstständigen Notariaten für die freiwillige Gerichtsbarkeit. Seit 1879 sind die Landgerichte (»jüngerer Ordnung«) Gerichte der zweiten Instanz nach den damals neu entstandenen Amtsgerichten als Gerichten der ersten Instanz.

6 *Schiff:* Zur Beamtenuniform im Königreich Bayern gehörte obligatorisch ein halbmondförmiger Zweispitz mit weiß-blauer Kokarde, der sich ab den 1830er-Jahren in den Schiffshut verwandelte, der in Bayern bis zum Ersten Weltkrieg seine Gültigkeit behielt. Der Zylinder kam um 1820 in Mode, war aber den Beamten ausdrücklich verboten, ihn zur Uniform zu tragen. Zur Beamtenuniform gehörte ein Zierdegen, der jedoch nicht als Waffe, sondern als Zeichen staatlicher Macht und nur für repräsentative Anlässe gedacht war.

7 *Fascikel:* Aktenbündel

das Faß der Danaiden: Die Danaiden sind in der griechischen Mythologie die 50 Töchter des Ahnherrn der Griechen, des Königs Danaos von Libyen, die auf Befehl ihres Vaters alle – bis auf Hypermnestra – in der Brautnacht ihre jungen Ehemänner töteten. Als Strafe mussten sie Wasser in ein durchlöchertes Fass schöpfen, weshalb heute unter Danaidenarbeit nutzlose, mühsame Arbeit verstanden wird.

alterieren: verändern

Gastricismus: verdorbener Magen (Gastritis: Magenentzündung)

8 *Retardatsacten:* Akten im Rückstand oder Verzug

9 *Lejars'sche Reitertruppe:* Im Nachlass des Wiener Beamten Matthias Franz Perth (1788–1856), der 1992 von der Wienbibliothek im Rathaus erworben

wurde (Bestand ZPH 494), befinden sich 58 Tagebücher aus den Jahren 1803 bis 1856, in die Perth immer wieder Programmzettel und Flugblätter eingelegt hat, darunter auch folgender: »Cirque de Paris der Herren [!] P. Cuzent, Lejars und Loisset. Heute Donnerst(ag), den 3. April 1845. Außerordentliche Vorstellung in der höheren Reitkunst und Gymnastik« (Band 50, S. 347). – Ein Gastspiel in München dürfte auch um diese Zeit stattgefunden haben, denn die entsprechende Bildfolge in den »Fliegenden Blättern« (Nr. 21), in der die »Anwesenheit der Gesellschaft Lejars und Cuzent« erwähnt wird, erschien im Mai 1845.

Baucher'sche Reitermethode: François Baucher (1796–1873), umstrittener Reitlehrer; 1852 erschien in deutscher Übersetzung seine »Methode der Reitkunst nach neuen Grundsätzen«; vgl. Jean C. Racinet, François Baucher. Enfant terrible oder Genie? Neu und umfassend erklärt, 2005. – In der entsprechenden Bildunterschrift in Nr. 21 der »Fliegenden Blätter« heißt es ausführlicher: »Baucher'sche Methode (vermöge deren das unbändigste Pferd und der ungeschickteste Reiter in zehn Tagen gänzlich dressirt werden«).

Pauline Cuzent: Springreiterin aus der Lejars'schen Reitertruppe aus Paris, die Mitte des 19. Jahrhunderts mit großem Erfolg durch Europa tourte. So ist 1849 ein Einzelauftritt der Zirkusreiterin in Vauxhall Gardens in London belegt, 1851 dort zusammen mit ihrer Schwester Antoinette Cuzent-Lejars.

von coridonischer »dementia captus«: coridonisch wohl abgeleitet von lat. cor = Herz, also im Sinne: von Liebeswahn ergriffen.

10 *Equitationsgelüste:* Lust aufs Reiten

11 *Hydropathie:* Wasserbehandlung

12 *Quantum:* Menge

älteres Prozeßverfahren: Bezieht sich auf das Strafgesetzbuch für das Königreich Bayern von 1813. Während einige der Forderungen nach einer Justizreform bereits 1848 eingelöst werden (z.B. Schwurgerichte), lassen andere (z.B. eine neue Prozessordnung) noch lange auf sich warten. Das Feuerbachsche Strafgesetzbuch von 1813 wird erst 1861 abgelöst.

13 *fl.:* 1 Gulden (florin) = 60 Kreuzer = 240 Pfennige; Währung im Königreich Bayern

kr.: Kreuzer

dl.: Denar (übliche Abkürzung: d), Pfennig

Actuar: Gerichtsschreiber

resp.: respektive = beziehungsweise

14 *Ew.:* Euer

Inquisit: Verhörter, Angeschuldigter

Suggestionen: Beeinflussungen

Strafgesetzbuch: Im Königreich Bayern war seit dem 1. Oktober 1813 das von dem Juristen Anselm von Feuerbach (1775–1833) entworfene Strafgesetzbuch in Kraft (bis 1861).

definitiv: endgültig

Inquirent: Untersuchungsrichter

quoad formalia: hinsichtlich von Förmlichkeiten

16 *Steinheil'sches Sehrohr:* Carl August von Steinheil (1801–1870), Professor für Physik und Mathematik in München, errichtete 1855 mit seinem Sohn Hugo August Steinheil (1832–1893) die Optische Fabrik C. A. Steinheil & Söhne; sie entwickelten dort Photoobjektive und Fernrohre. 1865 erfand Hugo August Steinheil das Periskop als optisches Instrument zum Beobachten aus einer Deckung heraus.

17 *Don Juan:* Don Juan (spanisch) oder Don Giovanni (italienisch) ist der Archetypus des Frauenhelden, eine grundlegende Gestalt der europäischen Dichtung.

Oeconomiegütchen: kleines landwirtschaftliches Anwesen

18 *Extraditionstag:* Tag der Übergabe

reponirte Actenstücke: abgelegte Akten in einer (Alt-)Registratur

Justus von Liebig: Chemiker (1803–1873); Professor zunächst in Gießen, 1845 geadelt; seit 1852 in München; gehörte zu den von dem bayerischen König

Maximilian II. geholten »Nordlichtern«. Hier entwickelte er den Superphosphat-Dünger und war Mitbegründer der Bayerischen Aktiengesellschaft für chemische und landwirtschaftlich-chemische Fabrikate, welche ihr Werk in Heufeld (Bayern) hatte und noch heute unter dem Namen Süd-Chemie existiert. 1859 wurde er zum Präsidenten der Bayerischen Akademie der Wissenschaften ernannt; dieses Amt bekleidete er bis zu seinem Tod.

19 *Conventionsthaler:* Geschichtstaler, die zwischen 1827 und 1856 zur Erinnerung an historische Ereignisse oder Persönlichkeiten unter den bayerischen Königen Ludwig I. und Max II. herausgegeben wurden.

Belvedere: Aussichtspunkt

Collega: Kollege

Schwurgerichte: Im Rahmen der Justizreform des Revolutionsjahres 1848 kommt es zur Einführung der Schwurgerichte bei den Kreis- und Stadtgerichten, der Öffentlichkeit und Mündlichkeit der Verfahren sowie des Amts der Staatsanwälte.

23 *Decret:* Ernennungsurkunde

24 *juristischen Himmel:* Ihn bevölkern Rechtsgelehrte aus allen Zeiten, darunter der römische Rechtsgelehrte Gaius, der Verfasser der »Institutionen«, das in der Antike am weitesten verbreitete Elementarlehrbuch des römischen Privatrechts; neben (Domitius) Ulpianus und dem römischen Politiker Cicero ist vor allem Kaiser Justinian I. († 565) zentral zu sehen, neben seinem rechten Fuß die Schriftrollen mit den Digesten, die Bestandteil seines großen Gesetzgebungswerks sind; sein Corpus Iuris (Civilis) hält ein anderer in Händen. Für die Rezeption des römischen Rechts im Mittelalter und in der Neuzeit stehen Irnerius von Bologna († um 1130), Gothofredus aus Paris (1549–1612) oder der bayerische Jurist Wiguläus von Kreittmayr (1705–1790). Neben dem Bett des Staatshämorrhoidarius wacht die »Justitia« als Symbol der Gerechtigkeit.

25 *Portefeuille:* Brief- oder Aktenmappe, vor allem Zeichen der Ministerwürde

26 *Functionär:* Bediensteter, einfacher Beamter

Munda: Einzahl mundum = Reinschrift eines Schriftstücks

ominöse: unheilvolle

Cholera: Nach dem ersten Ausbruch der Seuche im Jahr 1836 wütete sie erneut zwischen Juli und Oktober 1854 in München während der Zeit der Industrie- und Gewerbeausstellung (im neuen, gerade fertig gestellten Glaspalast). Die Cholera forderte fast 3000 Todesopfer, darunter war auch Königin Therese von Bayern, die Ehefrau König Ludwigs I. Der Mediziner Max von Pettenkofer (1818–1901) legte mit seinen wissenschaftlichen Forschungen zur Hygiene die erforderlichen Grundlagen zur Bekämpfung der Cholera. Die erfolgreichen hygienischen Maßnahmen (z. B. Trinkwasserversorgung und Abwasserkanalisation) wurden jedoch erst nach den Jahren 1873/74 eingeleitet, nachdem zum dritten Male eine große Cholera-Epidemie München heimgesucht hatte.

27 *conserviren:* erhalten

28 *contagiös:* ansteckend

29 *Gensdarm:* Gendarm, Polizist (abgeleitet von gens d'armes)

sporadisch: gelegentlich

30 *in Compagnie:* in Begleitung

Türkei: Das Osmanisches Reich (auch Ottomanisches oder Türkisches Reich) ist die offizielle Bezeichnung für das Reich der Dynastie der Osmanen von ca. 1299 bis 1923. In Europa wurde das Land auch damals als »Türkei« bezeichnet. Es war mehrere Jahrhunderte lang die entscheidende Macht in Kleinasien, im Nahen Osten, auf dem Balkan, in Nordafrika und auf der Krim. Im Laufe des 18. und vor allem 19. Jahrhunderts wurde es in der Auseinandersetzung mit den europäischen Mächten auf Kleinasien zurückgedrängt und fand in der heutigen Türkei seinen Nachfolgestaat.

33 *Dscheremets:* nicht nachweisbar (Phantasiewort Poccis?), wohl türkische Polizeibeamte

arretirt: verhaftet

Kadi: ein Richter in islamischen Ländern

summarisches Prozeßverfahren: Da »ordentliche Verfahren« im Zivilrecht stark verrechtlicht und durch Instanzenzug ziemlich lange dauern können, wurde bereits Anfang des 17. Jahrhunderts ein summarisches Verfahren eingeführt. Im Jahr 1616 erließ der bayerische Herzog Maximilian im Rahmen seiner Landrechtskodifikation eine »Summarische Prozessordnung« in der Hoffnung, die Prozesse abzukürzen. In der Fassung des Codex Juris Bavarici Judiciarii (1753) des bayerischen Juristen Wiguläus von Kreittmayr, der die nebeneinander bestehenden summarischen und ordentlichen Gerichtsverfahren vereinheitlicht hatte, wurde im Königreich Bayern 1811 ein einheitliches Zivilverfahren eingeführt. Die Forderungen nach Reform dieses bald nicht mehr zeitgemäßen Gesetzes führten schließlich zur Zivilprozessordnung von 1869, die schon zehn Jahre später von der Zivilprozessordnung des Deutschen Reiches abgelöst wurde.

34 *Appellation:* Berufung

Kadaskier: nicht nachweisbar (Phantasiewort Poccis?), wohl türkisches Appellationsgericht

35 *Corpus Iuris:* Das »Corpus Iuris Civilis« umfasst das Gesetzeswerk, das von 528 bis 534 n. Chr. im Auftrag des oströmischen Kaisers Justinian I. veröffentlicht wurde. Der Name »Corpus Iuris Civilis« ist nicht zeitgenössisch; er wurde erst im Mittelalter geprägt. Die Neukodifikation des Römischem Rechts bildete im kontinentalen Europa viele Jahrhunderte lang die maßgebliche Rechtsquelle, wobei es in der Praxis zu einer Kombination von Römischen und einheimischem Recht kam. Mit der Epoche des Naturrechts wurde es in vielen Ländern Europas von nationalen Rechtskodifikationen abgelöst, die jedoch auf dem wissenschaftlich bearbeiteten Recht des »Corpus Iuris Civilis« aufbauen und in seiner Tradition stehen (z. B. der französische Code Civil oder das preußische Allgemeine Landrecht). In Deutschland galt das »Corpus Iuris Civilis« in manchen Gebieten bis zum Inkrafttreten des Bürgerlichen Gesetzbuchs am 1. Januar 1900.

36 *Subskription:* Vorausbestellung

monumentum exegi: Mit der Verszeile »Exegi monumentum aere perennius« (»Ich habe ein Denkmal errichtet, dauerhafter als Erz«) beginnt eine der Oden des römischen Dichters Horaz (Carminum, Liber tertius, Ode 30).

Bibliographie

1. Die 26 Folgen von Poccis »Staatshämorrhoidarius« in den »Fliegenden Blättern«, 1845–1863

In der jeweils rechten Spalte ist als Konkordanz der Abdruck in der Buchausgabe von 1857 angegeben.

Fliegende Blätter	Buchausgabe	Fliegende Blätter	Buchausgabe
Band I (1845)		Band XX [1854]	
Nr. 8, S. 62–63	S. 7–8, ohne Schlussvignette	Nr. 479, S. 180–181	S. 26, 30, 29, 27
Nr. 21, S. 166–167	S. 22–23, S. 8–10	Nr. 480, S. 188–189	S. 29, 30, 27
Band II (1846)		Band XXI [1855]	
Nr. 33, S. 68–69	S. 13–14, ohne Schlussvignette	Nr. 484, S. 30–31	S. 27–29
Nr. 44, S. 158–159	S. 11–12	Band XXIV [1856]	
Band III [1846]		Nr. 570, S. 140–141	S. 34–36
Nr. 60, S. 92–94	S. 15–17, S. 7 bzw. S. 8	Nr. 574, S. 173	S. 30–31
Nr. 72, S. 190	S. 23 ohne Text	Nr. 575, S. 180–182	S. 32–34
Band IV [1847]		Band XXV [1856]	
Nr. 84, S. 94	Titelzeichnung, ohne Text	Nr. 591, S. 116–117	S. 5–6
Nr. 96, S. 188–189	S. 17–19	Nr. 592, S. 124	S. 5, S. 6–7
Band VI [1848]		Band XXVIII [1858]	
Nr. 133, S. 101	S. 25	Nr. 657, S. 38	
Nr. 136, S. 128	S. 19–21	Band XXXI [1859]	
Band VII [1848]		Nr. 740, S. 77	
Nr. 155, S. 86–87	S. 10–12, drei Zeichnungen fehlen, anderer Text	Band XXXIV [1861]	
Band XVII [1853]		Nr. 826, S. 143	
Nr. 390, S. 45–47	S. 27, S. 23, S. 29, drei Zeichnungen fehlen, anderer Text	Band XXXVIII [1863]	
Nr. 392, S. 60–61	S. 26, S. 61 fehlt	Nr. 916, S. 29–30	
Nr. 401, S. 136	S. 21–23		

2. Spätere Auswahlbände der »Fliegenden Blätter«

Julius Schneider (Hrsg.), »Anno 48«. Revolutionsbilder mit alten Holzschnitten der »Fliegenden Blätter«, München (Verlag Braun & Schneider) 1919
Enthält: S. 87-89: aus Band VI, Nr. 136, S. 128

Fliegende Blätter. Vierundzwanzig Nummern aus dem Jahre 1845, Faksimile-Ausgabe [von Band I], Berlin, Wien, Leipzig (Paul Zsolnay Verlag) 1934
Enthält: Nr. 8, S. 62-63; Nr. 21, S. 166-167

Eva Zahn (Hrsg.), Facsimile Querschnitt durch die Fliegenden Blätter, mit einer Einleitung von Erich Pfeiffer-Belli, München (Scherz Verlag) [1966]
Enthält: S. 40-41: aus Band I (1845), Nr. 8, S. 62-63; S. 104-105: aus Band XVII [1853], Nr. 390, S. 46-47

3. Buchausgaben

F[ranz] P[occi], Der Staatshämorrhoidarius, München (Verlag von Braun & Schneider) [1857] [broschierte Erstausgabe, 123 Holzschnitte, S. 24 nur in Buchausgabe; vierte Umschlagseite Zeichnung wie S. 7 oben links: Staatshämorrhoidarius in Rückansicht]

F[ranz] P[occi], Der Staatshämorrhoidarius, München (Verlag von Braun & Schneider) [1860] [wie Ausgabe 1857, aber mit festem Pappeinband; 4. Umschlagseite Zeichnung wie S. 7 oben rechts: Staatshämorrhoidarius in Profil]

Franz Pocci, Der Staatshämorrhoidarius, Faksimile-Neudruck der im Jahre 1857 in München erschienenen Originalausgabe, Leipzig (Wilhelm Heims Verlag) [1927] [tatsächlich Nachdruck der Ausgabe von 1860; vgl. vierte Umschlagseite]

Franz von Pocci, Der Staatshämorrhoidarius, Neudruck der Ausgabe München 1857, München (Verlag von Theodor Ackermann) 1975

F[ranz] P[occi], Der Staatshämorrhoidarius, in: Marianne Bernhard (Hrsg.), Franz Graf von Pocci. Die gesamte Druckgraphik, Vorwort von Eugen Roth, München (Rogner & Bernhard), 1974
Enthält nur 18 Holzschnitte (von 123 der Buchausgabe 1857): S. 458: Titel (1); S. 459-466 (21-24); S. 467 (36); S. 468-469 (25)

Franz von Pocci, Der Staatshämorrhoidarius, Faksimile-Nachdruck (Die bibliophilen Taschenbücher Nr. 126), Nachwort von Marianne Bernhard, Dortmund (Harenberg) 1979 [verkleinerte Taschenbuchausgabe, Text neu gesetzt aus der Walbaum Antiqua].

Editorische Notiz

Unsere Ausgabe S. 1–37 enthält den geringfügig maßstabsgerecht verkleinerten Reprint der Erstausgabe »Der Staatshämorrhoidarius« von F[ranz] P[occi], München, Verlag Braun & Schneider, [1857] nach einem Exemplar der Bayerischen Staatsbibliothek in München (4° Rar. 408). Das Original hat die Maße 21 cm x 27 cm. Die Karikaturen aus den »Fliegenden Blättern«, die Pocci nicht in die Buchausgabe aufgenommen hat bzw. die zeitlich später erschienen sind, sind den jeweiligen Erstausgaben nach Exemplaren der Bayerischen Staatsbibliothek ebenfalls als leicht verkleinerter Reprint entnommen. Die Originalmaße der »Fliegenden Blätter« entsprechen denen der Buchausgabe bei Braun & Schneider.

Franz von Pocci

Schriftsteller
Zeichner
Komponist

I. Dramatische Dichtungen
II. Kinder-, Jugend- und Volksbücher
III. Beiträge zu den »Fliegenden Blättern« und den »Münchener Bilderbogen«
IV. Gedichte
V. Kunsttheoretische Schriften und Korrespondenzberichte für die Tagespresse
VI. Das bildkünstlerische Werk
VII. Kompositionen
VIII. Werke aus dem Nachlass, unveröffentlichte Manuskripte
IX. Briefe
X. Nachträge, Werkverzeichnis, Register

Werkausgabe im Allitera Verlag